アベベ・ビキラ

「裸足の哲人」の栄光と悲劇の生涯

ティム・ジューダ

秋山 勝＝訳

草思社文庫

◉ニューヨーク・タイムズ特報

裸足のアベベ、オリンピック新記録で優勝を飾る

アリスン・ダンジグ

【ローマ発九月十日】今夜、痩身のエチオピア人選手が裸足でマラソンに出場、世界新記録でみごと優勝を果たした。アベベ・ビキラ（28）は皇帝ハイレ・セラシエを警護する親衛隊兵士で、海外ではまったくの無名選手。四二・一九五キロを国際大会で走るのもこれがはじめてである。

今大会のコースにはローマ時代の遺跡がふんだんに取り入れられていた。スタートはミケランジェロの手になるカンピドーリオ広場、ここからチルコ・マッシモの競技場、カラカラ浴場と巡り、二〇〇〇年前のアッピア旧街道に沿って進み、コンスタンティヌスの凱旋門でゴールを迎える。

フォロ・ロマーノやコロッセオの近くに立つ凱旋門は煌々と照らし出されていた。小柄で細身のアベベが凱旋門に近づいてくると、詰めかけていた何千人もの見物客からどよめきと大歓声がわき起こる。力強い足取りで緑のランニングシャツのアベベがゴールに飛び込んだ。記録は優勝候補モロッコのラジ・ベン・アブデセラムを二十五

秒四うわまわっていた。レース中盤までラジと二人で先頭を争ったが、残り一キロ地点で首位を奪うとその後はアベベの独走が続いた。

「エチオピアは貧しい国なので乗り物にも事欠いています。(略)ですから、どこへいくにも誰も足だけが頼りです。四〇キロを走るなどたいしたことではありません」

――アベベ・ビキラ(ローマ大会優勝会見・一九六〇年)

アベベ・ビキラ

「裸足の哲人」の栄光と悲劇の生涯◉目次

ルノー・ジラールに、感謝とともに。

アベベ・ビキラ

「裸足の哲人」の栄光と悲劇の生涯

はじめに

一九六〇年九月十日、エチオピアのアベベ・ビキラはローマ・オリンピックのマラソンを裸足で走って優勝した。この快挙でアベベは一躍スポーツ界の英雄、アフリカの星となるが、それは多くの人々にとってはじめて耳にするアフリカ黒人の名前でもあった。

圧倒的な勝利だった。アフリカの黒人選手として初の金メダルを獲得したアベベは、四年後の東京オリンピックで再び栄光を手にする。競技者としては申し分のない成功だろう。だが、この成功をうわまわる物語がそこから始まり、やがてエチオピアのマラソン走者のストーリーは、時代の寵児の物語として語り継がれていく。金メダルから約半世紀が過ぎた現在もその物語は力強く、色あせてはいない。

ハイレ・ゲブレセラシエ*訳註をはじめ、エチオピア、ケニア、エリトリアなどアフリカの高地出身のマラソンランナーは、いまでこそ世界有数と言われるが、こうした評価もローマ・オリンピックからであり、さきがけとなったのがアベベだった。長距離走に欠かせない心肺機能、走力、持久力などの能力と高地民族の関係が理解されるようになったのは、アベベが金メダルをとってからのことにすぎない。

もっとも、アベベの物語はこうした科学的な分析やトレーニング法とはほど遠いところから始まり、まったく異なる象徴を担わされていた。ローマでアベベが金メダルを獲得したちょうど二五年前、当時のイタリアを支配していたファシスト党がローマ帝国の再興をもくろみ、軍を押し進めた国がエチオピアだった。そのローマで、エチオピア皇帝ハイレ・セラシエ直属の親衛隊の兵士が金メダルをもぎ取ったのだ。

だが、物語はそれで終わることはなかった。金メダルを手にしたまさにその日からアベベは流星のごとく仰ぎ見られ、天空はるかに消え去るその日まで、光芒あざやかに駆け抜けることを定められたのである。

多くの人たちにはアベベは温厚な人柄と映ったようだが、それは見た目にすぎない。アベベは鋼の意志に満ちた人である。走り続けるのは勝つことが目的だった。しかし、本人のそうした決意にもかかわらず、アベベは存命中から伝説として語られ、脱植民地と独立の機運に沸く新時代アフリカのシンボルにまつり上げられていく。アベベが悲劇的な死を遂げた一九七三年、アフリカが抱いた夢はもろくもくずれ、エチオピアは、飢餓、革命、内戦、破壊と、国そのものが存亡の危機に立たされていた。

いまもスポーツ界の英雄としてアベベを記憶にとどめている人は少なくない。だが、真実の多くはこれまで語られることはなかった。その物語は、アベベのトレーナーだったオンニ・ニスカネンというひとりのスウェーデン人に重なる物語でもあるのだ。

ニスカネンは無名の人だった。そもそも脚光を浴びたことなど一度もなかった人物だ。軍人であり、冒険家でありながら、この人物はスポーツ界の歴史を塗り替えた。アベベと同じように、その生涯と生きた時代が、ニスカネンの人生の物語を比類のないものにしたが、それはまたアベベとニスカネンの二人で織りなした物語を他に例のないものに変えた。一九四〇年、七歳のアベベがエチオピアの辺地で山羊や羊の群れを追い回していたころ、ストックホルムに住むニスカネンは、フィンランドの独立を守るため、中流のなに不自由ない生活を捨て、志願兵としてソ連軍との戦いに身を投じる。

言ってみれば二人の物語とは、アベベとニスカネンが、たがいの道をどうやって交差させたのかという出会いの話でもある。ニスカネンとアベベの生い立ちや生活はそれほどかけ離れていた。にもかかわらず、二人は手を携えてマラソンに立ち向かおうと思い立つ。競技者そして勝者となったのはアベベだが、成功の青写真はニスカネンが描いた。

ニスカネンがフィンランドの戦線に向かう列車に乗ってから二〇年、アベベはローマ・オリンピックに旋風のように登場し、それまでの記録をことごとく塗り変える。

奇妙な友情にむすばれた二人だったが、快挙を目の当たりにして世界は激しく酔いしれていた。

ニスカネンは並外れた野心家だった。若き日にはスポーツの世界で成功をつかむことを夢見たが、その夢は結局かないはしなかった。しかし、エチオピアでニスカネンは別の金脈を掘り当てる。この国で地上最速の男を見つけ出したのである。その男は、血統をさかのぼればソロモン王、シバの女王の神話に連なる皇帝陛下じきじきの兵士だった。みずからが最速になれなければ、最速の男を育て上げればいい。

ニスカネンは生命力と人間への愛情にあふれ、自分の思いを伝える才気に十分すぎるほど恵まれていた。そして、自身の生涯をエチオピアとエチオピアの国民のために捧げる気高い志を抱いていた。「エチオピア人よりもエチオピア人らしい」、皇帝ハイレ・セラシエはかつて自国の陸上コーチたちに向かい苦笑しながらそう答えたという。

＊訳註　エチオピアの陸上選手で、マラソンの元世界記録保持者。原書が刊行された二〇〇八年のベルリンマラソンで二時間三分五十九秒を記録。

四二・一九五キロへの道——マラトンからシェパーズブッシュ

マラソンという競技はまぎれもない伝説だ。紀元前四九〇年、マラトンで手勢わずかなアテナイ軍がペルシャの大軍を打ち破ったとき、アテナイ軍のフェイディッピデスはアテナイまでの道を伝令として走り抜き、「勝利は我が軍にあり」と報じるとそのまま息を引き取った。戦いはそのように伝えられている。

だが、これを史実と考えていいのだろうか。確かめようにも方法はない。伝令として走ったのはフェイディッピデスではないと別の名前をあげる歴史家がいれば、走破したのはマラトンからアテナイではなく、アテナイからスパルタだと説く歴史家もいる。

一八七九年、イギリスの詩人ロバート・ブラウニングがフェイディッピデスとマラトンの戦いを詩にして、当時の人々は伝説の走者に思いをはせた。

近代オリンピックの創設者、ピエール・ド・クーベルタン男爵は、言語学者ミシェル・ブレアルの提案に心を動かした。提案とは、一八九六年に開催される第一回オリンピック大会においてマラトンの町で長距離走を再現するという話であり、しかも二候補あるコースのうち、より長い約四〇キロを走ってみてはどうかというものだった。

オリンピック史上、初のマラソン勝者は、水くみを生業としていたギリシア人スピリドン・ルイスで、コースを二時間五十八分五十秒で走った。

第一回オリンピック大会以降、マラソンは競技としての形を整えていくが、しばらくは大会ごとに走行距離は揺れ動いた。二六・三八五マイル、つまり四二・一九五キロのコースがはじめて設けられたのは一九〇八年のロンドン・オリンピックだった。二六・三八五マイルという距離は、ウインザー城東側の庭からロンドン西部のシェパーズブッシュにあるホワイトシティ競技場までの距離とぴたりと一致している。三八五ヤードという半端な距離が加えられて、ロンドン大会のマラソンは、貴賓席正面でめでたくゴールを迎えることができた。

だが、ロンドン大会に続く二度の大会で距離は再び変更され、最終的に四二・一九五キロと定められたのは一九二四年のパリ大会だった。のちにエチオピア皇帝ハイレ・セラシエとなる、当時まだ皇太子のラス・タファリも観戦した大会で、これ以降、一九〇八年のロンドン大会の距離がマラソンの標準距離と制定されて現在に至る。

第1章　大地の子

無名の幼少時代

子供のころのアベベには、将来の偉業を予感させる逸話がない。

一九三二年八月七日、アベベはジャットという村で生まれたが、この話が確かなら、首都アジス・アベバの北、車で二、三時間のショア州デブレ・ベラン地区の小さな村がアベベの生地である。同じころ地球の反対側のロサンゼルスではオリンピックが開催され、アベベが生まれたまさにその日、アルゼンチン代表のファン・カルロス・サバラがマラソンで金メダルを獲得して観客を沸かせていた。

ジャットに行くのはいまも変わらず難儀な旅で、舗装がとだえた道をさらに進んだ辺境の丘陵地帯に村はある。地味は豊かな土地なのだろうが、いたるところに岩がころがり、ぬかるんだ轍《わだち》にタイヤをとられて車は手もなく立ち往生してしまう。

特産のテフという穀物を別にすれば、ここは牛や羊たちの王国だ。風景をさえぎる柵はなく、目に映るのはまばらな木立と干し草の山、それに家畜を追う農民たちの姿ぐらいである。家畜の世話はたいてい子供たちに任され、裸足の子供たちが牛や羊を追い回している。はるか向こうの地平線に目をやれば、華やかに飾り立てた騎馬の一群が見えるかもしれない。日差しが強くなると色鮮やかな傘が広げられ、乗り手たちはその陰に身を隠す。このような片田舎では、現在でも車を乗り回す者などおらず、道らしい道も通っていない。

周囲で唯一の建物と呼べるものが昔から伝わるトクルという住居である。屋根は藁ぶき、壁は泥で塗り込めた円形の小屋で、人々は古くからこのトクルで生活を営んできた。小作農の家に生まれたアベベもこうした小屋のひとつで産声をあげた。畑の周辺や小高い丘にトクルの集落が散っている。日が暮れるにしたがい、屋根から煙が昇る。女たちが石炭をくべた火床の前で夕食の用意を始めた。ワットという香辛料をきかせた野菜や肉の煮込み料理を作り、ワットとともに食べるインジェラという薄いパンを焼いている。

アベベという名前は「咲きほころぶ花」という意味である。アベベの娘ツァガエが書いた本には、アベベはビキラ・デミッセとウディナシ・バナバルのあいだに生まれたとあるが、二人はアベベが三歳のとき離婚。「母親のウディナシには若すぎる夫だった」というのが別れた理由だが、ウディナシはその後三人目の夫となるタムティム・ケフェロウと再婚している。

アベベの幼少時代の話が伝えられていないのは、これといって人目を引くエピソードなどなかったというのがどうやら真相のようである。アベベはエチオピアの高原で生まれ育った貧農の小せがれのひとりにすぎず、それまで何世代にもわたって生きてきた数知れない小作農の子供たちと変わるところはひとつもなかった。

一九六四年、東京オリンピックを間近に控えた時期にエチオピアを訪れたワールド・スポーツ誌のコリン・ギブソンは、インタビューを通じ、アベベやその友人、またライバルとされたマモ・ウォルデの練習ぶりを自分の目で確かめた。このときの取材をもとにギブソンは次のような記事を書いている。

ほかの子供たちと同じように、幼少時代のアベベも羊に食べさせる草を求め、周囲の溶岩台地の岩山を裸足のまま何キロも走り続けたり、歩き回ったりすることが日課になっていた。十三歳になって学校に通い出すようになるとアベベはガンナを始める。ガンナはエチオピア版長距離ホッケーのような競技で、ゴールは相手の村にあるため、得点に至るまでの距離は数キロにも及んだ。

ガンナはクリスマスの伝統行事で、エチオピアではガンナという語がクリスマスを意味している。村ごとに分かれて行う対抗戦は、荒々しく乱闘まがいの競技である。

多くの東方正教会と同じように、エチオピア正教会も一月七日がキリストの生誕日として定められ、一説によると、ガンナはエチオピアの羊飼いがイエスの誕生を祝うために始めたものらしい。一端がかぎのように曲がった羊飼いの杖をかざしてイエスの生誕を喜び、その杖をホッケーのスティック代わりに振り回して競技に興じるのだ。

イタリア軍侵攻

アベベが生まれた一九三二年当時のエチオピアは、アフリカ諸国だけではなく、列強の植民地支配を受けていた他の国々に対しても威光を誇っていた。アメリカの解放奴隷が建国したリベリアを別にすれば、アフリカ大陸でただひとつ独立を守っていた国がエチオピアだったのである。アベベの人生にとってこれは見過ごすことができない重大な事実だったと言っていいだろう。ムッソリーニの軍隊が毒ガスをまき散らしながらこの国に侵攻したのは、アベベが生まれて三年後のことだった。

イタリアの侵略はただちに世界中の関心を集める事件となった。激動の時代、当時の人々の心に焼き付いたのは、ジュネーブで開かれた国際連盟で審判の場に立つ皇帝ハイレ・セラシエの険しい表情であり、皇帝は蹂躙される祖国の惨状を世界に向かって訴えた。

これまで繰り返し指摘されてきたように、イタリアの侵略行為に対して国際社会が毅然たる態度を示さなかったことが、第二次世界大戦につながるもう一歩となった。皇帝は「神と人類の歴史は、国際連盟が下した審判を決して忘れはしない」と糾弾すると、加盟国と列強が小国に約束していた、「エチオピアがまさにいま苦しんでいる脅威に、いつか小国が見舞われたとき」に発動するとした集団安全保障の履行を迫った。

うかがいたいのは、貴国らがどのような策を講じるおつもりかということである。世界を代表するあなたがたに申し上げる。わたくしがジュネーブまで来て、ここでこうして懇願しているのは、一国の元首としてこのうえなくつらい義務を負っているからなのだ。国で待つ我が民にわたくしはなんと告げればよいのだ。

この問いかけに国際連盟は沈黙で答えた。一八九六年のアドワの戦いでイタリア軍はエチオピア軍に壊滅的な敗北を喫したが、ムッソリーニは、イタリア国民が敗戦で負った傷心はこの侵略でぬぐいさることができたと語り、「ファシストの皇帝」は「平和の皇帝」であると世界にうそぶいた。もちろん、そんなことなどありえるはずもなく、それから数年のうちに世界はエチオピアの山岳や高原を舞台に繰り広げられる、これまでにない規模の侵略劇を目の当たりにすることになる。

ツァガエの本によると、アベベが住んでいた村もイタリア軍に占領され、一家はさらに人里離れたゴルロという村に避難することを強いられた。だが、ゴルロの村に一家が難を逃れたことは事実だったにせよ、イタリア軍がジャットの村を占領し続けたという話が事実だとはいささか想像しがたい。泥壁の小屋が寄りそう小さな集落に、イタリア軍が攻撃を加える必要があったにしても、そのまま占拠する必要があったとはとても思えないのである。とはいえ、イタリア軍はエチオピア全土を占領したわけではなく、まして片田舎ならなおさらだが、こうした地域でもひとたび戦闘が起これば、農民も一時的に村を捨てるような事態は起こっていたのかもしれない。ローマ大会後の一九六〇年、アベベの父親が反イタリアのゲリラ兵として活動していたという記事が報じられた。この話を裏づけるようなものはなにも残されていないが、当時、アベベと父親の音信はとだえていたようである。

一九四一年、エチオピアの独立が回復すると一家はジャットの村に再び移り住んでいる。ジャットではなく、近郊の村ジルルだったという説もあるが、いずれにしろ一家がこの付近で暮らしていたことは確かなようだ。

アベベが受けた教育らしい教育はおそらく教会付属の学校で、ほかの勉強はともかく、読み書きはここで覚えたのは確かなようである。コリン・ギブソンも記事で触れていたように、学校以外のアベベの毎日は、ここに住む子供たちのいまも昔も変わらない仕事である家畜の世話に明け暮れていた。

ウディナシ・バナバルという名前が示すように、アベベの母親はアムハラ語系の出身である。ただ、ジャットの村ではアムハラ語ではなくオロモ語がいまも話されている。エチオピアの支配層がアムハラ語系の部族に占められていた当時、オロモ族はエチオピアの全人口の四〇パーセントを占めていたにもかかわらず、遅れた小作農として一段下に見られていた。

エチオピアの公用語がアムハラ語に限られていたころの話だが、オロモ語とアムハラ語ではそもそも意思の疎通は図れない。アベベ自身はオロモ語を話して育ったものの、同時にアムハラ語を学んだのは明らかである。アムハラ語を話せるかどうかで身分に決定的な違いが生じ、のちのことになるがアベベ自身、オロモ訛りをアジス・アベバの鼻持ちならない名士たちに聞きとがめられ、これ見よがしの辱めを受けたことさえあった。

一九三六年から一九四一年のあいだ、皇帝ハイレ・セラシエはイギリスに亡命し、温泉町バースに居住していた。その後、イギリスがエチオピアと隣国のエリトリアからイタリア軍を追い払うと、晴れて皇帝として王座に返り咲く。

エリトリアは一八九〇年からイタリアの植民地だった国だが、第二次世界大戦後、エチオピアはエリトリアを併合して支配下に置いた。しかし、エリトリアに対する皇帝のこうした有無をいわせぬ統治と自治を剝奪した強圧的な支配こそ、やがてエチオピアに破滅をもたらす災いの元凶となり、エリトリア独立を巡る三〇年にも及ぶ長い闘争の原因を招いてしまう。

見出された才能

一九五一年、十九歳のころだと思われるが、アベベは母親を追って首都アジス・アベバに移り住んだ。ツァガエによれば、職のないまま一年を過ごしたあと、皇帝の身辺警護を任務とするエリート部隊の親衛隊に入隊する。

親衛隊を選んだのにはいくつか理由があった。まず、エチオピアの軍隊のなかでとりわけ名誉ある部隊とされていたのが親衛隊で、イギリス陸軍の近衛大隊の一部を模範にして創設された。貧しい家の若者にとって親衛隊へ入隊することは、片田舎の貧しい生活を抜け出し、堅実な生活が保証された出世の道を意味していた。

アジス・アベバで長年働いたハンス・ヴィルヘルム・ロコットが回顧録で書き記していたように、親衛隊への奨励は、「学業において低学年のうちから優秀な成績を示す少年、また学業だけではなく他の分野においても生まれながらの才能がある子供を探すように求めた」皇帝自身によって熱心に進められていた。選抜された少年たちは皇帝に陪席する機会に恵まれ、「皇帝のめがねにかなえば中学校に進学し、さらなる援助を賜ることができた」という。実際、このコースで多くの少年たちが親衛隊に入隊している。

ワミ・ビラツもまたオロモ族の小作農の息子に生まれ、親衛隊の兵士としてマラソンを始めた。アベベにとっては先輩に当たる兵士だった。一九九七年、八十歳のワミは、アジス・アベバの質素な家で、大勢の家族と栄光の日々を写した写真に囲まれ、かくしゃくたる毎日を過ごしていた。とりわけ目立つ場所に飾られた写真は、ワミが笑顔の皇帝から賞を授かっている一枚で、もう一枚は親衛隊司令官と握手を交わしているアベベの写真だった。

ワミの話では、自分が親衛隊を希望した一番の理由は、ほかの部隊と違い、この部隊にいれば平時はアジス・アベバを離れる必要がない。つまり、親衛隊にいるかぎり、人里離れた辺境に派遣されることもなければ、国境の警備に配属される心配もなかった。「親衛隊の兵士は威風堂々として、つねに身なりを整え、警戒を怠ってはならない。その心構えで宮殿の警護に臨まなくてはならない」とワミは語っていたが、親衛隊の兵士なら乗馬のような競技を楽しめるのも魅力のひとつだった。

しかし、アベベの場合、親衛隊を志望したのにはさらに別の理由があった。アベベの腹違いの兄弟キンフェ・ビキラがすでに親衛隊に入隊していた。当時、極東では朝鮮戦争が起こり、エチオピアも国連軍として兵士を戦地に送っていたため、親衛隊もさかんに新兵を募集していた。そんな事情もあったが、キンフェが義弟の入隊をとりなしたのはまず間違いないはずだ。

こうしてアベベは親衛隊の第五普通科連隊に入隊する。制服を着込んだアベベの写真が残されている。親衛隊の制帽であるヘルメット帽をかぶり、制服の腕にはダビデの星の記章、ユダの獅子の紋章が縫い付けられている。制服にあしらわれた紋章が強調しているものこそ、皇帝ハイレ・セラシエがイスラエル王ソロモンとシバの女王の末裔という聖書に記された伝承であり、エチオピア正教会が唱道してきた教義の中心を支える神話にほかならなかった。

一九五〇年代、エチオピアは政情が比較的安定した時期を迎えていたが、それは親衛隊の兵士にとって、作戦行動や暴動鎮圧で動員される必要がないことを意味していた。田舎育ちで体を動かすことぐらいしか興味のないアベベには、この時期はまさに申し分のない毎日だった。「入隊して四年目、アベベはサッカーやバレーボール、バスケットボールに打ち込む毎日を過ごし、マラソンは一九五六年後半に始めた。陸軍のレースに参加し、全国大会優勝者ワミ・ビラツに次いで二位と、早くも頭角を現していた」。ワールド・スポーツ誌にはそう書かれている。

当時、アベベが熱心に打ち込んでいたのはサッカーだった。アベベはなにをきっかけにしてマラソンを始めたのだろう。アベベの才能を見出した人物がいたのだ。スウエーデンから来ていた親衛隊のスポーツトレーナー、オンニ・ニスカネンである。

そのあたりの事情について、エチオピア生まれでエチオピア育ちのギリシア人、ミカエル・レンタキスが、時に独断に脱線しながらも興味あふれる回想録のなかで、ニスカネンは「この兵士が、スルルタからアジス・アベバのあいだを毎日走って往復する姿を見て、マラソンに挑戦させてみることを思いついた」と記している。スルルタは、アジス・アベバから北に二〇キロ以上離れた丘陵地にある町で、当時、アベベはスルルタの町に住んでいたらしい。

ツァガエはこの時期のアベベについて次のようなエピソードを紹介している。

そのころサッカーに打ち込んでいたアベベだったが、ある日練習をしている最中、近くに上等なトラックスーツと練習着を着込んだ一団がいることに気がつく。マモ・ウォルデやハイル・アベベのように、一九五六年開催のメルボルン・オリンピックに遠征した選手たちだった。ツァガエの本によると、オリンピックの代表選手はエチオピアでは〝異常なほど称賛の的〟になっていたが、それは国を代表してオリンピックに出場したというだけではなく、海外に行く機会に恵まれたからでもあった。

この一件以来、自分もいつか競技で外国に行くとアベベは友人たちに公言するようになる。「しかし、そうは口にしてみたものの、仲間からは笑い者にされ、中途半端な人間にできるようなことではないと冷たくあしらわれる始末だった。（略）だが、仲間のあざけりや辱めが父の心に奇妙な感情と興奮を巻き起こしていた。一生懸命に練習をしよう。そして、競技会で好成績を出す準備を始めよう」

非番の日、アベベはクラルを弾いて時間を過ごすことが多かったという。クラルはエチオピアやエリトリアに伝わる五、六本弦の民族楽器である。おそらくニスカネンの忠告の影響なのだろう。マラソンを始めてからというもの、アベベはサッカーを控えるようになり、さらにランニングに時間を割くようになっていた。

だが、母親のウディナシにはそれが気に入らない。走ってばかりいては出世などおぼつかない。息子の食事を少しずつ減らして走る体力を奪ってやろうと企んだが、結局、嫁を持たせようと思いつく。身を固めて一家の主としての責任に目覚めれば、息子もトラックで無駄な時間を過ごすようなことはなくなるだろう。

アベベと引き合わされたのが十五歳のヨーブダル・ウォルデギオルギスだった。見合いのお膳立ては母親のもくろみどおりだった。一九六〇年三月十六日、こうして二人は結婚する。だが、家庭を持たせてマラソンから遠ざけようとしたもうひとつの計画は、ついに日の目を見ることはなかった。

第2章　北の国のコスモポリタン

フィンランド脱出

一九六〇年のローマ・オリンピックで無名のアベベが優勝を奪い去ると、報道陣はもちろん、世界中のスポーツ関係者がいろめきたった。あのエチオピアの選手は何者だ、いったいこれまでどこに潜んでいたのだ。この疑問に答えることができる者がひとりだけいた。エチオピアのスウェーデン人、オンニ・ニスカネンだった。

ニスカネンとアベベはまったく異なる人生を送り、アベベにとってニスカネンは、凍てつく北の国というより、火星から来た男とたとえたほうがふさわしいほど二人の生い立ちは違っていた。二人の出会いはまさに運命であり、運命の導きがなければこうして人々の記憶に残ることもなかった。生前、分かちがたく結ばれた二人はいまも人々の記憶のなかで生き続けている。ニスカネンあってのアベベだが、しかし、二人の出会いがなくともそれぞれの一生は彼らにふさわしく波乱に富んだ人生だったはずである。

ニスカネンが残した写真は現在、アジス・アベバにある国際援助団体「レッダ・バーネン」セーブ・ザ・チルドレンに保管されているが、時代を経たアルバムらしくところどころで写真がはがれ落ちている。若々しい競技者だった一九三〇年代のニスカネン。軍服姿で森にたたずむニスカネン。ニスカネンに勲章を授けている将校の写真もある。ソビエト領内に深く進軍したときの写真かもしれないが、なにも書き添えられていないので詳しいことはわからない。

パーティーハットをかぶった七十代のニスカネン。ほかにもある。愛弟子アベベの脚をマッサージしている写真。気球とニスカネン、参戦したラリーのドライバー姿、愛くるしい娘たちといっしょの青年ニスカネン、軍人時代、盛装の花婿姿、アジス・アベバのハンセン病病院の所長時代の写真、ストックホルムの地下組織で証明書として使われた写真も残されている*訳註。

ニスカネンほど人生を謳歌した者はいない。生きることを楽しむ術《すべ》に長《た》け、人生の可能性を追い求め続けた。だが、その生涯にはほかの者には見られない特徴があった。ニスカネンは秘密と秩序をなによりも好んだ。甥のウルフ・ニスカネンは伯父のこうした二面性について、「自分の思いどおりに生きることにこだわる半面、なりゆきに任せるのを好む面もあった」と語っている。

過去という陰からニスカネンの本当の姿が立ち現れるにしたがい、この人物はいくつもの人生を同時に生きるような毎日を送っていたことが明らかになってくる。ただ、それは俗に言う二重生活という意味ではない。二重生活とは異なる、はるかに陰影に富んだ複雑な性格の持ち主だということである。激しいときには、三つの人生を同時に生きるような毎日を送っていた。

事情を知るほど興味はそそられるが、一方でその人となりを知るのは容易ではない。熟知しているつもりでも、それはこの人物のほんの一面をとらえたことにしかすぎない。ニスカネンが別の毎日をどう生き、その毎日でどんな人たちとかかわっているのか、本当のところは誰にも知りようがないのだ。

オンニ・ヘルマン・ニスカネンは一九一〇年八月三十一日、フィンランドのヘルシンキで生まれた。印刷業を営む父親のヘルマンは、フィンランドとスウェーデンの血を引き、母親のハルダ・ジョセフィーナは、スウェーデン中西部のヴェルムランド県にあるブレクバネットという小さな村出身の生粋のスウェーデン人だった。ニスカネンには三人の兄弟がいたが、本書の執筆時に健在であったのは弟の三男エリクだけである。

ニスカネンが生まれたころのフィンランドは、大公国としてロシア帝国に従属していた時代で、一家はロシアの地方軍司令官が階下に住む邸宅のワンフロアで生活をしていた。ニスカネンの父にはロシア陸軍の軍務経験があり、小さいころにはサンクトペテルブルクの陸軍幼年学校に通っていた。

だが、父親のヘルマンは戦争が勃発したとき徴兵されることを避けるため、ひそかに準備を始めていた。一九一三年、一家はスウェーデンのソルナに引っ越すことを決める。奇しくもこのソルナこそ、前年の一九一二年にオリンピックが開催されたストックホルム北の郊外にある町だった。

引っ越しは無事に済んだととても言えるようなものではなかった。すでに三歳だったニスカネンは記憶していたかもしれないが、家族を乗せたフェリーがヘルシンキの港を出たそのとき、一家は恐怖にすくんだ。生後十三日のエリクを忘れていたのだ。フェリーがあわてて港に引き返し、台所で置き去りにされていたエリクは無事に救出された。

突き付けられた選択

ソルナの町で兄弟は、スポーツやボーイスカウトに早くから関心を寄せながら成長していった。一九三〇年代、運動好きな連中のあいだでは「ニスカネン兄弟を知らない者はいなかった」とエリクは言う。競歩、トラックレース、クロスカントリー、オリエンテーリング、スキーなどの競技では下の兄弟三人で優勝を競い合うこともあった。末弟のアーネは競歩の全国大会に参加するほどの腕前で、ニスカネンはとくにクロスカントリーに秀でていた。

エリクは現在、スウェーデン中央部の小さな町ムーラで暮らしている。老後を過ごすには居心地のよさそうな手ごろな広さの家で、部屋にはエチオピア土産がいくつも残されていた。仲のいい兄弟だったという。だが、兄弟それぞれが抱いた関心は明らかに違った。長兄のヴァイネはオートバイ、ニスカネンはスポーツ、エリクはボーイスカウト、アーネの興味はビジネスの世界に向かった。

ニスカネンの古い友人のひとり、スベン・ストランドバークの記憶では、ニスカネンとストランドバークの運動歴は、一九二八年にいっしょに入会したヒューヴースタISというスポーツクラブから始まる。だが、ここは二人が希望したようなクラブではなかった。理由はほかでもない。ヒューヴースタISは前途有望な新人ボクサーを多く抱えていたクラブだったからである。ボクシングは金になるスポーツで、クラブも金をつぎ込んでボクサーの面倒は見ていたが、陸上を希望する二人はコーチもつけられないまま放っておかれた。ニスカネンたちには別のクラブに所属する女友だちがいたので、そのつてを頼って、規模は劣るがデュッボIKというクラブに移ることに決める。

スポーツは好きで得意でもあった。ただニスカネンは際だった素質に恵まれてはいなかった。デュッボIKには記録が残されている。ニスカネンの名前がはじめて記録に登場するのは一九三〇年のことで、五〇〇〇メートル十六分五十三秒四、一五〇〇メートル四分三十二秒とある。その後、クロスカントリーとオリエンテーリングの双方で好成績を残している。一九三三年に一万メートルを三十四分十秒。一九三六年には四〇〇メートルを五十五秒二、八〇〇メートルを二分五秒七で走り、クラブ選手権を制している。年を追うごとに記録を伸ばしていたが、しかし一九三七年、ニスカネンはクラブの会長に収まってしまう。

ニスカネンのアルバムにはランニング中の写真とともに、トラックを整備する老人の写真が残されている。さらに一九三五年の撮影として、軍服姿の写真が貼られた身分証明書がある。書き添えられた「S・S・ローゼンバーグの思い出とともに」のS・S・ローゼンバーグとは、ニスカネンが所属していた陸軍幼年学校である。

一九三六年、ニスカネンに大冒険の旅に乗り出す機会が訪れた。オリンピックイヤーのこの年、八月一日開会を予定している大会は、ドイツでの開催が一九三一年の段階で決定していたが、開催までのあいだにドイツの政情が一変し、大会はすでにナチスの祭典と化していた。これに反旗を翻したのがスペインの人民戦線政府だった。カタロニア自治政権と手を結び、オリンピックに対抗して人民オリンピックをバルセロナで開催することを決める。

人民オリンピックに参加するスウェーデン代表はスウェーデン労働者スポーツ連盟

という小さな団体が組織したもので、団員は主将以下、チェスのプレーヤー、中距離のニスカネンなど総勢一二名から編成されていた。代表団を派遣については左翼陣営内でも紛糾したようだが、それにもかかわらず出発当日の七月十八日には数百人もの人々が見送りのためストックホルムの駅に集まった。だが、遠征は多難続きだった。出発の前日、スペインでは右派の反乱が勃発して内乱状態に陥る。代表団はパリまでたどりつけたが、それ以上先に進める状況ではなかった。

ところで、デュッボIKの一九三八年版の年報には、ニスカネンについてこんなことが書かれている。「この夏、イングランドから戻ってきてからというもの、ニスカネンは両手の親指を突き立てて走るようになった。世界チャンピオンのラブロックから学んだ新しい走法かとはじめのうちこそ思ったが、あとになって〝ランベス・ウォーク〟だということがわかった」。ランベス・ウォークは陸上走法とは縁もゆかりもないダンスのことで、一九三七年のヒットミュージカル『ミー&マイガール』が火をつけ、ヨーロッパ、アメリカで熱狂的なブームを巻き起こしていた。

ニュージーランドの陸上選手ジャック・ラブロックは、一九三六年のベルリン・オリンピック一五〇〇メートルで世界記録を樹立、祖国にはじめての金メダルをもたらした。このラブロックで興味をそそられるのは、金メダルの翌年、『健康のための陸上競技――ランニング理論と実践』という小冊子を刊行していることである。指導者としてのニスカネンのその後の経歴を考えれば、ニスカネンがこの冊子を購読していたと考えてもそれほど的外れな推測ではないだろう。

正確な日付は残されていないが、一九三〇年代の後半、ニスカネンはブリッタ・ビョークという女性と結婚した。気立てのいい娘で、両親は宝石店を経営していたとエリクは記憶しているが、二人の結婚生活は一年と続かなかった。離婚話をさきに持ち出したのはブリッタのほうだった。「私を選ぶの、それともスポーツ」。ブリッタはそう言ってニスカネンに選択を迫った。ニスカネンが選んだのはスポーツだった。これではもうあと戻りできない。後述するように、ブリッタとのこうした別れ方がこのさき、ニスカネンが関係をもつ女性たちとのかかわり方を決めていく。

一九三九年、ニスカネンはデュッボＩＫの「本年度ベストナイスガイ」に選出された。クラブの会長という立場からすると、いささかニスカネンの名誉にかかわる受賞だったかもしれないが、ニスカネンの活力と意志の力、そして組織をまとめあげる力量が評価されたと受賞理由が記されている。そして、これらの長所こそ、ニスカネンの美質として、その後の半生を支えてきたものにほかならない。

交錯する戦線

第二次世界大戦の開戦以前からニスカネンは植字工として働き始めており、一九三六年の人民オリンピックでは植字工のスポーツクラブの一員として選出された。だが、戦争が始まるとニスカネンは職をなげうって軍隊に志願した。開戦から二カ月が過ぎた一九三九年十一月三十日、ソ連がフィンランドに進軍を開始していた。

レニングラードに近接する領土の割譲を要求したソ連に対し、フィンランドが拒んだことに端を発した侵攻だった。母国を守るため、ニスカネンも八〇〇〇を超す兵士とともにスウェーデン義勇軍に加わる。長兄や弟エリクもいっしょの兄弟三人での参戦である。フィンランドの事情通で、のちにBBCフィンランドサービスを率いるネイル・ブルースの言葉を借りれば、「義勇軍の活躍はめざましいものだった」という。

ところで、スウェーデン義勇軍には特筆しておかなければならない二人の軍人がいた。創軍メンバーのひとり、ヴィーキング・タム、そして三十歳のパイロット、カール・グスタフ・フォン・ローゼン伯爵の二人である。伯爵の叔母はドイツ空軍司令官のヘルマン・ゲーリングに嫁いでおり、伯爵の政治的な考えがそれで影響を受けることはなかったとはいえ、のちに伯爵が英国空軍を志願した際、この姻戚が災いして入隊を許可されることはなかった。

この二人を本書にむすびつけているのがエチオピアという国である。イタリアがエチオピアに侵攻すると、ヴィーキング・タムは皇帝ハイレ・セラシエのために戦いに参じ、伯爵もパイロットとして国際赤十字の食料や補給品を運んだ。

ニスカネンのアルバムにはカードも残されている。そのうちの一枚に風にたなびくフィンランドとスウェーデン両国の国旗が描かれたカードがある。おそらく、前線に向かうニスカネンの戦勝を祈って送られたカードなのだろう。スウェーデン語で「貴殿のご健勝をお祈りするとともに、抑えがたい熱情と壮健な意志によって決戦に臨み、われらが勝利をこの手に収めることを祈念しております」と書かれている。

一九四〇年早々、ニスカネンはフィンランドのサッラ戦線に向かった。出征の当日、ストックホルム中央駅には大勢の人々が見送りに来ていたが、出発の直前、ニスカネンの知人のひとりで、ある賭けを持ち出した者がいた。いったいニスカネンの恋人の何人が送別に姿を現すのだろう。結果は一二人の女性だった。だが、スベン・ストランドバークはこんなエピソードにあまり意味はないと言いたげだ。「恋人とかそういうことではないでしょう。ニスカネンを嫌う者は誰もいませんでしたよ」

しかし、ストランドバークの指摘は正しいとは言えない。この一件は実に示唆に富んでいる。ニスカネンはこののち多くの女性と関係を結ぶが、ニスカネンの思いは女性よりもさらに心ひかれるものを絶えず求め続けていた。

ニスカネンが従軍した戦争は、「冬戦争」として知られ、凍てつく湖や沼沢地、生い茂る森など、険しい地勢を背景にして繰り広げられた戦いだった。赤軍に対するフィンランド軍の抵抗はソ連の予想をうわまわり、赤軍は勢力の再編を行って態勢をいったん立て直すと、一九四〇年二月、いわゆるマンネルヘイム・ライン沿いに展開するフィンランド軍に対して、砲兵隊による猛攻を一〇日間にわたって続けた。

この砲撃で劣勢に立たされたフィンランド軍はやむなく休戦に追い込まれ、一九四〇年三月十二日、モスクワ講和条約に調印することを余儀なくされた。条約の結果、フィンランドは南西に広がる広大な領土をソ連に割譲することを強いられる。同年四月九日、さらにドイツがデンマークとノルウェーに侵攻し、イギリスの派遣軍を両国から駆逐している。

フィンランドが休戦を迎えたことで、ニスカネンも一時帰休でスウェーデンに帰ることができた。帰郷中、スタッズロペットの競技会にリレーチームの一員として参加して優勝を飾っている。ストックホルムのオリンピックスタジアムにユニフォーム姿で立つニスカネンの写真が残されており、日付は一九四〇年六月二日と記されている。同じころデンマークではイギリス軍が撤退作戦の最中であり、パリはそれから二週間後に陥落する。ナチスドイツの勝利はすでに目前に迫っていた。年が改まるとニスカネンは帰隊した。

一九四一年六月二十二日、ドイツがソ連に侵攻を開始する。ドイツ軍はあらかじめフィンランド領内に軍を配備してから攻撃を始めたため、フィンランドも数日のうちに戦争に巻き込まれていく。「継続戦争」あるいは「夏戦争」と呼ばれる戦いである。

この戦争でニスカネンは二度目の従軍を志願した。今度の戦争ではハンコ半島に展開する部隊の小隊長だった。デュッポＩＫの一九四一年の年報には検閲を経たニスカネンの手紙が掲載されており、そこには「人生には夢と現実が交錯しています。ですが、いまぼくが生きているこの現実は、喜びからはるかに隔たったところにあります」としたためられていた。

デュッポＩＫが保管する記録を調べたスウェーデン人ジャーナリスト、ロレンゾ・ネジによると、「ニスカネンはソ連軍の陣地から二〇〇〜三〇〇メートルしか離れていない地点にいた。任務は電話線の保守だった。ある日、ケーブルの一本が誤って爆弾につながっていることにニスカネンは気がついた。表沙汰になれば軍歴が吹き飛ぶような失態だった」

一九四三年もしくは翌四四年のことだと思われるが、ソ連軍の手榴弾でニスカネンはけがを負う。飛び散った破片は顔や両腕、両脚など全身にくまなく食い込み、五〇年後、ニスカネンが亡くなるまで取り除くことができなかった破片がいくつも身体に残った。アルバムにはこのころ撮られた写真が残されており、軍服姿で松葉杖をついたニスカネンのまわりには、かわいい笑い顔の四人の看護師が付き添っていた。

やはり軍服姿のもう一枚の写真には、ウエディングドレスの女性と並んだニスカネンが写っていた。ニスカネンが一度結婚したことはすでに触れたが、一九四三年のクリスマス・イブ、彼にとって二度目になる結婚式を挙げている。今度の相手はマリー・ヤコブソンという二十歳の女性だった。写真に写ったニスカネンの元気な様子から察すると、戦場で負傷したのはおそらく結婚式からまもなくの一九四四年早々のことではないかと予想されるが、弟のエリクも兄が負傷をした日付について正確には知らない。

ニスカネンが二度目の結婚をした当時、平和を求める機運がフィンランド国内でも高まっていた時期で、一九四四年九月十九日、こうした機運を反映してフィンランドとソ連とのあいだでモスクワ休戦協定が結ばれている。協定によってフィンランドに駐留するドイツ軍の撤退が決まり、両国とも一九四〇年のモスクワ講和条約に従うことが合意された。だが、ドイツは軍を引き揚げることを当初から拒み、実際に撤兵が始まると今度はフィンランド軍とドイツ軍とのあいだで衝突がたびたび発生し、フィンランド北部のラップランド地方は、撤退するドイツ軍の攻撃によって壊滅的な被害を受けている。

負傷したニスカネンは帰国を許されたものの、治療には長い時間がかかった。そして終戦とともに除隊すると、その後は予備役として軍に残り、一九四六年十一月一日、少佐に昇進した。

除隊から一、二年、ニスカネンはふたつの事業に熱心に取り組んだ。ひとつは兄のヴァイネ、末弟のアーネと設立した広告代理店の経営で、もうひとつはトレーナーとしてスポーツの指導に従事することだった。学校にも通って本格的な勉強を始め、一九四六年にはこの学校を卒業している。そして、ニスカネンの人生は思いもしない劇的な変化を迎える。それは一本の電話から始まった。

「エチオピアに行ってみる気はないか」

新天地への誘い

スウェーデンとエチオピア両国にはすでに長い関係の歴史があった。スウェーデンのキリスト教関係者にとってエチオピアは古くからの布教国だったのである。公式な外交関係は一九二〇年代からで、学校と医療施設の建設をエチオピアから請われたことに始まる。一九二四年には、のちに皇帝ハイレ・セラシエとなる皇太子ラス・タファリがヨーロッパ歴訪中にストックホルムを訪れている。このときの歴訪で皇太子はパリで開催されたオリンピックにも立ち寄った。マラソンはフィンランド代表のアルビン・ステンロースが優勝、未来の皇帝はフランス大統領とともにオリンピックの開会式に臨んだ。

イタリアの占領時代には、エチオピアにあるスウェーデンの赤十字病院がイタリア軍によって爆撃されるという事件が起きている。本国スウェーデンでは、事件を知った青年たちのあいだに激しい動揺が走ったという。当時、検査技師兼看護師として働いていたラグンヒルド・ウォルボルグという女性もそうしたひとりで、「恐怖感と嫌悪感を募らせ、自分たちではどうすることもできない無力感でいっぱいだった」と回想録に書き残している。エチオピア文化研究の碩学で、一九四七年にこの国を訪れたスベン・ルーベンソン教授は、「当時の若者にとって、エチオピア侵攻はその後の若者がベトナム戦争に抱いた感情に等しいものだった」と、当時のスウェーデンの多くの若者が抱いていた思いをたとえる。

ニスカネンにとって、この事件はベトナム戦争に相当するようなものではなかった。兄が政治に興味を抱くことは決してなかったとエリクも断言するように、ニスカネンを駆り立てていたものはいつも心ときめく冒険だった。

第二次世界大戦後、アメリカやソ連の両大国から距離をとることを望んだ皇帝ハイレ・セラシエは、スウェーデンとの外交関係を再び築き上げようと考えた。一九四一年にイタリアを駆逐したイギリス陸軍は、以来影響力をエチオピア国内で高めていたが、皇帝はイギリス陸軍の後見から自由になることも強く望んでいた。そこで皇帝に呼び出されたのがフォン・ローゼン伯爵だった。伯爵はアジス・アベバの南約五五キロにあるデブレ・ゼイト（当時はビショフト）でエチオピア空軍を創設するよう皇帝から求められた。スウェーデンとの関係を再構築するうえで鍵となる人物がもうひとりいた。ヴィーキング・タムである。タムはすでに将軍に昇進していたものの、皇帝の求めに応じて一九四五年十二月早々、アジス・アベバに着任した。

タムが皇帝から請われたのは、電話通信網と警察の人材育成を担当するスウェーデン人の組織化である。七〇名の将校からなるイギリス陸軍の派遣団がエチオピアに駐留していたが、士官学校設立のためにスウェーデンから将校を派遣することも決定された。目的は皇帝を警備する親衛隊員の養成だったが、このときタムは、皇帝が軍事教練に関する全権をイギリスからスウェーデンにできるだけ早急に移譲したがっている印象を受けたという。イギリス側にも異存はなかった。アメリカやソ連でなければ、スウェーデンが影響力を増したほうがむしろイギリスにとっても好都合だったのである。

一九四六年、スウェーデンでエチオピアに派遣する人材募集が大々的に始まった。七〇〇人分の給与についてはスウェーデン政府が助成した。対象は設立されたばかりの空軍や士官学校に勤務する軍人のほか、教育施設や医療施設の整備にあたる教師や医師、看護師などで、全員が短期契約に基づく派遣だった。

予備役の将校として、また指導教育を受けたトレーナーとして軍やスポーツ界に顔が広いニスカネンはうってつけの人材だった。あるいは、エチオピアの士官学校で教鞭をとるようにと、ヴィーキング・タム本人がニスカネンに声をかけたのかもしれない。
ニスカネンとマリーは申し出を検討し、それから一カ月後に引き受けることを決めた。ストックホルムの領事フリーデ・ハイランダー博士の立ち会いのもと、二年間に及ぶエチオピア駐在契約が交わされると、二人はそれまで住んでいたアパートを処分し、さっそく荷造りに取りかかった。アジス・アベバへは、アムステルダム、ローマ、カイロを経由していく。まさに冒険の連続だ。ニスカネンは次のような文章を残している。

ありとあらゆるものを荷物に詰めた。鉄製のオーブンからマッチ、それに二年分はたっぷりある生理用のナプキンまで。（略）結局、荷物は一一立方メートルにまで膨れ上がったが、これをぼくたちはストックホルムから仏領ソマリランドのジブチに船便で送り出した。そのころ、アジス・アベバまで飛行機は飛んでいなかったので、フォン・ローゼン伯爵はわざわざ飛行機を用意して、お雇いのスウェーデン人全員をアジス・アベバまで運んでくれた。飛行機は別名〝空飛ぶ要塞〟のアメリカの大型爆撃機だ。だが、機内の気圧は未調整のまま。アジス・アベバまでは三日の航路だった。

アジス・アベバがまだ小さな町だったころで、周囲は森が生い茂る山々で取り囲まれていた。ハイエナやジャッカルが隠れ住み、夜ともなると食べ物を求めては町に忍び込んでくる。

町にはなにも売っていない。アジス・アベバとジブチを結ぶフランコ・エチオピアン鉄道だけが頼みの綱で、ここを走る汽車に乗って必要な外国の品々の買い出しに出かけた。だが、アジス・アベバに着いたころ鉄道はストライキの最中で、しかも六カ月続いた。おかげで一一立方メートルのぼくらの荷物はずっとジブチに留め置かれたままだった。

ニスカネンの手紙はデュッボＩＫの年報に掲載されたが、見逃してはならないのはこうした手紙のなかでマリーについて触れた話がほとんど見当たらない点である。エチオピアに対するニスカネンの思い入れは、これから本格的に始まろうとしていた。

冒険の日々

すでに触れたように、ニスカネンが最初に手がけた仕事は親衛隊の士官たちに対するスポーツ指導である。週に二度デブレ・ゼイトの空軍基地を訪れ、空軍司令本部で教鞭をとった。一九四八年にはハイレ・セラシエ一世中等学校の体育教師を務め、さらに一九五〇年には、教育省体育教育部門の部長に任命されている。その一方で一九四八年には、非常勤ではあるが、エチオピア赤十字社（ＥＣＲＳ）の事務局長に就任し、組織の発展のため重要な役割を担った。会員として、事務局長として、そして理事としてニスカネンは生涯の大半を赤十字社に捧げている。

ニスカネンは仕事に倦むということを知らず、つねに誰かのために働いていた。全アフリカ・ハンセン病リハビリテーション研修センター（ＡＬＥＲＴ）や赤十字看護病院の設立に奔走し、また第二の祖国となるこの国に対し、スウェーデンから送られてきた援助金の運用と分配にも知恵を絞った。後年、知人たちが口をそろえて言うように、ニスカネンはスウェーデン人ではなく、まさしくエチオピア人そのものになっていた。

前出のスベン・ルーベンソン教授のような人物からニスカネンが尊敬を勝ち得たのは、「その活動がエチオピア人のため、エチオピア人に請われて行ったものであり、スウェーデン政府やＮＧＯなどの公的な組織のためでも、依頼を受けて行ったものでもなかった」からである。「真っ先に訪れ、最後まで踏みとどまる」ニスカネンの姿勢は、多くのスウェーデン人には見られなかったものだと教授は言う。

仕事はニスカネンの生活の中心を占めていたが、もっともそれが目的のすべてだったわけではない。スポーツ界への寄与のほかにも、ニスカネンの功績として記憶されているのがジャン・メダ・フェスティバルで、このイベントはやがてエチオピア赤十字社にとって資金調達の大切な催し物に育っていく。広大なジャン・メダ競技場を会場にした恒例の祭りで、場所は親衛隊の教練場、親衛隊司令本部に隣接していた。

祭りには、エチオピア在住の大使館や公館の関係者がこぞって参加し、テントや仮設の屋台で自国の特産物の即売を行った。ある年の様子を写した映像には、オランダのテントは人の背丈ほどもある風車に取り囲まれ、イギリスのテントのてっぺんには彩色の大きなビッグベンが掲げられていた。目玉の出し物は、ニスカネンが取りしきって教えたのに違いないスウェーデンのフォークダンスである。アルバムにもニスカネンとダンスチームを写した写真が何枚も残されている。この催しをさらに権威づけたのは、皇帝がくじの一等賞品として馬と馬具を提供してくれたことであり、そのおかげもあって祭りはますます権威を高めた。

しかし、これだけの活動ではまだ物足りないとでもいうように、ニスカネンはエチオピアが危機に見舞われるたびに奔走した。地震がケファロ地区を見舞ったときがそうだった。一九六三年には、未遂に終わったとはいえソマリアの軍隊が侵攻してきた。セコタ地区が旱魃にあえいだ期間など、こうしたときニスカネンはいつも救済活動のさなかにいた。

各地で起こる洪水やコレラなどの危機にも力を尽くし、一九七一年から七三年にかけ、ガンベラ地区に南スーダンから難民が流れ込んだときには、スウェーデン、エチオピア両国の赤十字社による共同支援の調整役として献身した。一九七三年から翌年に起きたウォロ地区の旱魃と飢饉でも、ニスカネンは支援の手を差し伸べることを忘れなかった。一九六三年には多忙の合間を縫ってネパールの赤十字社を訪ね、チベット難民の安否を調査したかと思えば、同じ年にはケニアにも出向いた。

こうした多忙ぶりを誰よりも楽しんでいたのがニスカネン自身だった。デュッボIKの一九四六年の年報にニスカネンはこう寄稿している。高地が災いして心から毎日を楽しむことができない。「軽やかにタンゴを踊ろうとしたのですが、疲れてその晩は席を立つのも億劫でした。翌日もパーティーでしたが、このときは気分もだいぶよくなっていました」

若いころのニスカネンは、同じ場所にとどまっていることができなかった。夜ごとのパーティーやひきもきらない招待や小旅行の毎日が続いた。ニスカネンとマリーは、ジャン・メダ競技場の近くにはじめての家を借りた。しかし、雨漏りがやまない家だったのでエチオピアで手に入れた馬と犬と猫を引き連れ、五つの部屋とキッチン、それに召使いたちが住む小屋がある石積みの家に越していた。

活気あふれるスウェーデン居留地では華やかな毎日が続いた。このころアジス・アベバに住む者たちは、それぞれの生涯においてもっとも満ち足りて、また刺激に富んだ毎日を過ごしていたはずである。グンヴォル・プロマンもそのひとりだった。プロマンがこの国に来たのは一九四六年のことで、ニスカネン夫妻とはとくに親しく付き合い、二人は自分の一番の友人だったとプロマン自身も語る。「お二人とも本当におおらかで親切でしたよ。みんな馬に乗ってパーティーに出かけるの。週末になるといつも馬に乗って低地地方に出かけたものです。すばらしいところで、この世のものとは思えないほど美しかった。湖で水浴びもしました。高原の国とはいえ暑いところでしたから」

一九四九年一月には、ムッソリーニのエチオピア侵攻にショックを受けた若者のひとり、前出のラグンヒルド・ウォルボルグも病院勤務のためにアジス・アベバにやってきている。ウォルボルグの回想録には、リヒャルト・ニルセンが世話をした小旅行が書かれており、ウォルボルグが「士官学校の管理者」と記したニルセンの勤務する学校にニスカネンは勤めていた。

当時、居留民のあいだで乗馬がはやり、日曜日の朝ともなると士官学校の前には四〇〜五〇人の人たちが集まって、その日の出発を待っている風景が見受けられた。ユーカリの木立のなかの曲がりくねった道をエチオピア人の将校や士官候補生が付き従い、林の向こうにある高原まで引率してくれた。緩い傾斜が続く高原、太陽と青空のもと、広々とした台地が広がり、風を切って馬を駆りたい者には申し分のない土地で、たとえようもない開放感だった。

どうやらラグンヒルド・ウォルボルグは、回想録のなかで肝心なことをひとつだけ書き漏らしていたようだ。

ところで、ニスカネンの甥ウルフ・ニスカネンには、例年九月になると帰国する伯父について忘れられない思い出がある。伯父が夜ごと自分の部屋を訪れ、わくわくするような冒険を語って聞かせてくれた。「猛獣狩り、飛行機墜落の話、どれも本当です。たわいのないおとぎ話ではありませんよ」

そんな話のひとつに、ニスカネンがカール・グスタフ・フォルスマークというスウェーデン人とともに狩猟に出かけたときのエピソードがある。フォルスマークはそのころニスカネンの一番の親友で、アジス・アベバ工科学校に勤務していた。フォルスマークが川で泳いでいたときのことである。小さいとはいえワニの子供に突然襲われたのだ。激しくもみ合ったすえ、フォルスマークはなんとかナイフでとどめを刺すことができた。

変化に富んだ日々の生活について、ニスカネンはデュッボIKによく原稿を寄せていた。士官学校の生徒を引き連れ、アジス・アベバの南一七五キロの町アセラにはじめて出かけたときの話がそうだった。アセラにはスウェーデン人による学校と病院が建設されており、一行はここでキャンプをして獲物を狩り、ターザンさながらの時間を過ごした。ニスカネン家の壁に飾られていた剝製はこのときにしとめたジャングルの野鳥である。野鳥に続いてさまざまな動物の首がニスカネン家の壁を飾るが、狩猟はスウェーデン人だけではなくエチオピア在住の外国人に人気で、おかげでアジス・アベバに住むスウェーデンから来た剝製師のもとにはたくさんの仕事が舞い込み、妻ともども生活に困ることはなかった。

地元のボーイスカウトはニスカネンが時間を見つけて結成した。ボーイスカウトといっしょのときにも予期せぬ事件が待ち受けていた。あるとき一〇二名の子供を引き連れ、エチオピア西部のディレ・ダワに二週間の予定でキャンプに向かった。しかし、鉄道のストライキが原因で途中一行は未開の土地で足止めを食わされる。皇帝が皇族とともにキャンプを慰問して、膨れ上がっていく食費に寄付をしてくれたが、ストライキがやむ気配はなくやがて金も底をついていく。一カ月後、残ったわずかな金をかき集めてニスカネンはトラックを二台借り受けた。機材という機材を積み、子供をひとり残らず車に乗せると、アジス・アベバまで四八〇キロの帰路についた。すでに雨期を迎えていたが、途中一四〇もの河川を越え、しかもマラリアが猖獗《しょうけつ》をきわめる地帯を通り抜けての旅だった。

休暇の最中も冒険は続いた。一九四九年、マリーを伴ってキリマンジャロを目指したが、乗っていた単発エンジンの飛行機の具合がおかしい。砂漠に不時着を強行したものの、今度は飲み水がなくなって砂漠で危うく命を落としかけた。しかし、こんな障害に見舞われたにもかかわらず、ニスカネンはイギリスの登山家五人とキリマンジャロ登山を敢行する。結局、頂上に立てたのはニスカネンともうひとりのイギリス人の二人だけだった。このときの休暇は、アフリカ東海岸にあるザンジバル島の一週間の滞在で締めくくられた。

この事故に続き、フォン・ローゼン伯爵と同行の旅でもニスカネンは飛行機事故に遭遇している。不時着して故障した部品を作り上げてなんとか修理はできたものの、それまでのあいだ現地の部族といっしょの生活を余儀なくされた。一九六五年一月には、フォルスマークと二人で新たな挑戦に乗り出している。エチオピア高原ラリーの立ち上げに携わり、過酷なコースを車で走り抜いたのである。エチオピアの辺境を走破するレースで、ニスカネンも自前の赤いサーブに乗って参加した当時の映像が残っている。一九七四年まで毎年恒例のレースだったが、エチオピア革命以降、レースは途絶えたままである。

ニスカネンに皇帝がナザレ近くの土地を授けようとしたことがあった[1]。しかし、皇帝から土地をもらうことにニスカネンはためらった。かわりにアジス・アベバ南にあるアワサ湖近辺の土地を自分で買い求め、フォルスマークと二人、そこでガソリンスタンドを開くことにした。だが、経営はうまくいかなかった。近くに住むポルトガル人の農家が川の流れを変えてしまい、川水があふれてスタンドが冠水したり、売上金を支配人にだまし取られたりする事件が続いた。フォルスマークはその後インドに渡った。現地のラリーに出場中、事故に遭遇して亡くなった。

晩年、ニスカネンはアワサ湖のほとりで家を建て始めた。外国暮らしは長かったが、弟のアーネやエリクとは仲がよく、二人もやがて引退したら同じ土地に家を建てて兄とともに住む計画を温めていた。だが、その夢はエチオピア革命によって結局断たれてしまった。

エチオピア人よりもエチオピア人らしい

ニスカネンという人物の興味深い特徴のひとつに、生活を潔癖なまでに使い分けた生き方をあげることができるだろう。スポーツマンたちとの親交、のちに女性関係やきわめて多忙な社会人としての生活も加わるが、しかし、この三つの生き方が重なることは決してなかった。選手たちの指導や世話にニスカネンは途方もない時間を費やしたが、その選手たちがニスカネンの友人としてパーティーに招待されたり、食事をともにしたりすることは決してなかった。選手たちは結局、英語で話を交わすことのできない素朴なエチオピアの庶民にすぎなかったのである。

だからといって、ニスカネンと選手たちの関係が疎遠だったわけではないが、ワミ・ビラツにいたっては、ニスカネンの私生活はもちろん、結婚しているのかどうかさえ知らなかった。ニスカネンの自宅を訪れることはときどきあったが、そのときも「白人の女性はいたが、それが奥さんなのか妹さんなのかはわからなかった」と言う。アベベやワミと同時代の選手であるハイル・アベベは、ニスカネンが離婚したことは知っていたとはいえ、ニスカネンについては次のように語っている。

ニスカネンがどんな私生活を送っているかについてはなにも知りませんでした。個人的な話はしませんでしたから。そうですね。いまから思えばおかしな話ですが、なにも知らなかったのですから、ニスカネンのことは大先輩だと思い込んでいました。

ニスカネンの交際範囲はアジス・アベバの上流階級にも及んでいた。スウェーデン人をはじめ、一万五〇〇〇人のイタリア人、五〇〇〇人のギリシア人などの在留者はともかく、このころのアジス・アベバがアフリカ随一の国際都市、外交の都へと変貌しつつあったことを忘れてはならない。国連のアフリカ経済委員会や、誕生したばかりのアフリカ統一機構はアジス・アベバを拠点としていた。短期駐在の外交官たちが行き来し、つかの間の滞在で多くの外国人が来訪したが、しかし、ニスカネンをなによりも興奮させたのはエチオピアの宮廷そのものだった。

ニスカネンとエチオピア王室は長い年月をかけて親密さを深めていった。六〇年代になると宮廷のクリスマスパーティーでニスカネンは欠かせない顔ぶれになっていた点からも親密ぶりがうかがえる。例年、クリスマスになると、王族の子弟たち、外交関係者、海外の要人を招いてティーパーティーを催すのをならわしにしていたが、いつのころからかこのパーティーにサンタに扮したニスカネンが登場して、プレゼントを配るのが恒例になっていた。

当日のクライマックスはサンタが手渡すプレゼントではなく、その登場ぶりにあった。旧王族のひとりタリク・アベキラは、自分が子供のころ、ある年のクリスマスに宮廷の庭にヘリコプターが舞い降り、なかからサンタ姿のニスカネンが現れたのを覚えている。ニスカネンのアルバムにも、お供のサンタを引き連れた自身のサンタ姿の写真が残されている。ニスカネンはマジシャンとしても優れており、子供たちに自慢の腕前を披露することを楽しみにしていた。

七〇年代はじめ、十八歳になった甥のウルフは子供のころから大好きだった伯父を訪ねた。エチオピアに滞在し、当時ニスカネンが所長を務めていたアジス・アベバのハンセン病の医療センターでボランティアとして働くためだった。訪問中、二人のあいだで口論が持ち上がったことがある。若者らしい正義感にかられていたウルフは、この国の貧困と路上で息絶えていく人々の姿を目の当たりにし、贅のかぎりを尽くす宮廷生活との落差に愕然としていたが、「伯父は『皇帝は国のために大きな貢献をしている』と言っていた」。ウルフはその言葉をいまでも忘れることができない。

一九七二年、ニスカネンはスウェーデンのエリクに電話をかけ、皇太子妃が背中を痛めている話を告げると、サウナ風呂を用意してアジス・アベバまで運んでくれないかと依頼した。言われたとおりにしてエチオピアを訪れたエリクは、それから一週間後、宮廷からお茶に招かれ、生涯忘れようもないもてなしを受けることになった。

エリクの訪問は、そのころエチオピアに在留していたスウェーデンの開発支援団体のトップ、アーネ・カールスガードとニスカネンのあいだに生じていたいさかいが関係していたのかもしれない。ニスカネンが全アフリカ・ハンセン病リハビリテーション研修センター（ALERT）の所長だったときのことである。部下のひとりにビョルンというスウェーデン人の青年がいた。そのビョルンを一〇日ほど仕事からはずして、王族専用のサウナを作らせたいとニスカネンがカールスガードに打診したところ、本国スウェーデンですでにエチオピア王政に対する批判が高まっていたこともあり、それを理由にカールスガードは申し出を拒んだ。激怒したニスカネンは相手の役人根性をののしった。

ALERTの記録では、ニスカネンはこの時期、月額一二〇〇ドルの報酬を得て、ALERTが所有する中古のメルセデスベンツに乗っていた。お雇い外国人の水準でいえば決して低い金額ではないが、とはいえ格別に高額な報酬でもなかった。このころニスカネンがどのような生活を送り、王室とどのようにかかわっていたかを示すエピソードが伝わっている。

セーブ・ザ・チルドレンのハーケン・ランデリウスが「レッダ・バーネン」——セーブ・ザ・チルドレン・スウェーデン——の事務局長に命じられた一九七二年九月一日のことである。就任のまさにその当日、ランデリウスのもとにエチオピアの保健省から「レッダ・バーネン」の閉鎖を告げる電報が舞い込んだ。翌日、エチオピアに飛んだランデリウスはスウェーデン大使に相談すると、大使はこの問題を解決できる人物はひとりしかいないと答え、ニスカネンの名前を教えてくれた。

はじめてニスカネンに会った日のことをランデリウスは覚えていた。「ニスカネンは手入れの行き届いた庭で出迎えてくれました。どこに住んでいても気持ちのいい庭を作っていた人で、左右に従えていた二頭の大型犬は皇帝からいただいたものです。『皇帝の電話番号をお教えしましょう。私からも口添えができます』とニスカネンはそう言ってくれました」

そして翌日、ランデリウスとニスカネンは宮殿に召し出された。

宮殿の周囲ではあちこちに人だかりができていた。皇帝がお出ましになられ、ソロモン王さながらにいさかいを収めてくれるのを待つ人々たちだった。衛士が鎖につないだライオンを引き連れて歩いている。エチオピアの伝統的なローブをまとった二人の従者が扉を開け、私たちは宮殿に招き入れられたが、「事務局長では……」と難色を示した宮内大臣の計らいで私は将軍の肩書きを名乗っていた。途方もなく広い大広間に足を踏み入れると、皇太子を従えた皇帝が王座に座られていた。アムハラ語で皇帝が言葉を発した。アムハラ語は王座から語ることが許されたただひとつの言葉である。小柄な体躯とはうらはらに、皇帝の眼光は鋭く、人をひきつけてやまないオーラを発している。皇帝はこう言われた。「貴会のことはよく存じている。早速要件を進めよう」。そう言って指を鳴らすと、保健省の大臣が現れた。皇帝は大臣に向かって調整を図るように命じられた。保健省の大臣とはその後親しく付き合う機会を得たが、一九七四年の革命で大臣は絞首刑に処せられている。

スポーツ界の指導者としてこの国で実績を積むにしたがい、ニスカネンと地元のエチオピア人コーチとのあいだで摩擦が生じるようになっていた。あるとき、そうした衝突が皇帝の耳にも及んだ。そのとき皇帝はニスカネンの肩を持ち、こう口にしたといわれる。「ニスカネンはそなたたちよりも、エチオピア人らしい」

夢を追う人

プライベートが人目に触れるのを好まなかったニスカネンにふさわしく、その私生活、愛人に関係する話は、臆測すら限られるのはある意味きわめて当然だろう。ニスカネンは一九五二年、妻のマリーと別居した。しかし、大使館で秘書の仕事を得たマリーは、それから数年をアジス・アベバで過ごし、二人が正式に離婚したのは一九五六年十一月のことだった。だが、それで二人がとくにいがみ合うことはなかった。

仕事を抱えていたニスカネンはいつも家を留守にしがちで、マリーは寂しい思いをしていた。二人の友人だったカーメン・ルービンは、日差しにあふれるストックホルムのフラットで、すでに遠い過去となったまばゆい日々のことを思い返してくれた。マリーと別れたニスカネンは、その後多くの女性と関係を結んだ。ヘレン・インクペンというイギリス人女性がいた。また、ヘレーナという女性はスウェーデン大使館で働いていた。ヘレーナは首尾よくニスカネンのフラットの上階を借りることができたが、二人が別れるとき、その部屋に独身の若い女性が住めないよう手を回してから引き払った。

たいていの場合、言い寄ったのは女性のほうからだったが、いつもそうとは限らなかった。スウェーデン人の女医、クリスティナ・ティエルンストレームのときはニスカネンのほうが夢中になったが、ティエルンストレームがニスカネンに惹かれることはなかった。

ニスカネンはパーティーが本当に好きで、得意の隠し芸はガラスをかみくだき、そのまま飲み込むというトリックだった。だが、パーティー好きだったとはいえ、こうした社交の場にニスカネンが女性を同伴して現れることはなかったと大勢の人が証言する。一見、潔癖なほどだしなみ深かったとも思えるが、しかし、それだけでは言い表すことのできないなにかがニスカネンにはあった。もともとニスカネンの価値観では女性はそれほど重きを置かれていない。時にはそれが原因で、同性愛者ではないかと疑われることさえあった。

ニスカネンが自分の思いにかられてなにかを試みるたび、それは女性を悲しませる結果を招くばかりだった。前出の看護師ラグンヒルド・ウォルボルグとの関係も例外ではない。ウォルボルグは何年にもわたってニスカネンを愛し、おそらくベッドをともにしたこともあるのだろう。しかし、それは報われない愛の典型だった。「あの人はニスカネンのことを本当に愛していたわ。でも、それは見返りのない愛だった」とカーメン・ルービンは振り返る。

ウォルボルグはニスカネンを本当に愛していたけれど、それは彼女がどうこうできることではなかった。ニスカネンは一途に女性を愛し続けられるような人じゃなかった。思いのままに生きることをいつも望んでいたわ。ウォルボルグはそんなニスカネンに腹を立てていたけれど、強い人だったからそれで泣きはしなかった。結婚は本当にしたかったんでしょうね。あの人にとってニスカネンは人生そのものですもの。でも、ニスカネンには愛なんて二の次。彼が女の人にキスしたり、抱いたりする姿を見た人なんて誰もいない。ニスカネンはそんなことができる人ではなかったのよ。

その後もニスカネンは、エチオピア人の女医、ウィダッド・キダネ・マリアムとの恋愛関係が噂された。華やかな女性で経歴でも人目をひいた。エルサレムに生まれ、医学はベイルート・アメリカン大学で学んだ。エチオピア初の女医で、ニスカネンとは全アフリカ・ハンセン病リハビリテーション研修センター（ALERT）設立でもいっしょに奔走した。ニスカネンとは親しい友人ではあるが、愛人だったかどうかはわからない。

スウェーデンに住むニスカネンの一族も、ニスカネンが女性にあまり執着しないタイプだったことは認める。しかし、それは義兄が〝ニスカネン家の魅力〟に欠けているからではないとエリクの妻メイ・エリザベートは言う。エリクの家にあるニスカネンの写真のなかには、アンネットという名の魅力的な女性の写真が残されていた。アンネットがなんという名字だったかはエリク夫妻も忘れたが、スイス人で赤十字に勤めていた。写真のアンネットは猫を抱いている。その裏には彼女の直筆でこう書かれていた。

「お好きな猫はどちらかしら」　一九五四年十月二十四日

どんな女性に問われてもニスカネンの答えはいつも同じだ。それはニスカネンのはじめての妻となったブリッタ・ビョークに始まり、そののちニスカネンの前に現れたであろうすべての女性が受け入れなければならない返答だった——愛している。だが、自分にはもっと心惹かれるものがある。

＊原註

1　ナザレはもともとアダマといった。皇帝によってナザレと命名されたが、二〇〇〇年に旧名に戻された。

＊訳註　ニスカネンおよび彼とアベベに関する写真は左記のサイトで数多く閲覧できる。
http://onniskanen.se/ #1.1

第3章　ローマへの道

オリンピックへの工作

一九六一年三月、アベベがローマ・オリンピックで歴史的な勝利を遂げてから六カ月後、ワールド・スポーツ誌のフィル・ピレイは次のような記事を書いた。

オンニ・ニスカネンは無名のランナーを世界有数の走者に鍛え上げ、アベベ・ビキラという走者を生み出した。「ローマの金メダルは周到に準備された作戦に基づいて成し遂げられた。その作戦を通じ、ニスカネンは世界の誰もがまだ知らない記録を目の当たりにしていた。ニスカネンの目とストップウオッチだけしか知らない記録だった」

ピレイの指摘は、書いた本人が想像する以上に真実を言い当てていた。

スルルタを毎日走るアベベの姿がニスカネンの目に留まったというミカエル・レンタキスの話以外、二人がいつ出会ったのかその時期を知る手立てはない。だが、マラソンを始める数年前から双方とも互いの存在には気がついていたようである。アベベ自身も語っていたように、一九五六年のメルボルン・オリンピックが刺激になって野心に火がつき、アベベはオリンピックに対する思いを募らせていくが、どうやら二人の関係はこの大会の年に始まり、一九五八年までにはアベベを連れてニスカネンがスウェーデンに帰国するほど深いものになっていた。

士官学校の体育指導でエチオピアに来た一九四六年、ニスカネンは宮殿から二〇〇～三〇〇メートルほど離れた場所でグランド整備を始めた。看護師のラグンヒルド・ウォルボルグは当時の宮殿のたたずまいについて次のような文章を残している。

ヨーロッパの宮殿を見慣れた目には、皇帝とご家族がお住まいになるこの場所は宮殿と呼ぶにはあまりにも慎ましいものだった。しかし、軍楽隊が日に二度行進するとき、きらびやかな軍服と音楽に合わせて刻まれるステップで、あたりは華やいだ雰囲気に満たされた。これがエチオピア流の衛兵交代式で、衛兵ファンの子供たちは憧れの眼差しで儀式を見詰めていた。

ニスカネンは、自分の指導力は陸上とジャンプ競技で生かせると考えたが、バスケットボール、ハンドボール、サッカー、テニス、水泳、オリエンテーリング、乗馬、体操なども教え始めていた。「なんでこんなものを投げなきゃいけないのですか」。不思議そうな顔をした生徒にこう聞かれたのは、円盤投げを教えているときだった。指導を始めてからというもの、ニスカネンは教え子に驚かされどおしだった。

「みんないい生徒ばかりだ。教えることに苦労はしない。彼らがこれまでやったスポーツといえば、裸足で蹴り合うサッカーぐらいだ。生徒たちがボールを蹴ると、こちらのつま先にも痛みが走るようなビシッという音を立てていた」とニスカネンは書き残している。

新兵たちの覚えは早かった。ニスカネンがアジス・アベバでマラソンの競技会を催したときも、ほかの軍隊から参加した選手、警察や民間の選手たちを抑え、勝つのは決まって親衛隊の選手だった。有能な競技者の多くがそうであるように、こうした選手たちは指導者に恵まれていなかった。民間のスポーツ団体は未組織のままで、クラブもなければ競技場や設備も整っていない。もちろん、コーチやマネージャーもいない。しかし、一九五〇年以降になるが、ニスカネンはこうした状況を改善する機会に恵まれる。教育省の体育科局長に任命されたのだ。

ニスカネンは母国の学校体育制度をこの国に持ち込もうと考えた。エチオピア各地に散った一〇名のスウェーデン人体育指導者の支援を得て、スポーツ環境を整える組織づくりにニスカネンは着手している。当局の職員たちの訓練を進める一方、学校、軍隊、警察学校といった単位ごとに競技会がまとめられていく。競技会の奨励を目的に、ニスカネンは楯やトロフィーを二〇〇、三〇〇と用意して各地に送り続けた。しかし、そうした努力にもかかわらず、練習に励もうとする者は少なくニスカネンも不満が絶えなかった。

だが、みずからの信念に対するニスカネンの思いは強く、指導に熱心なコーチにはプライベートの時間を惜しむことなく捧げた。やがてニスカネンは、グランドや設備に恵まれていないエチオピアの若い競技者には、長距離走こそうってつけの種目ではないかと気づく。しかも、この国の人たちにとって、走ることは唯一の移動手段である。のちにニスカネンはこんなことを言っている。「大勢の労働者がアジス・アベバから何キロも離れたところに住んでいる。金曜日の夜には、山を越え、実家がある村に走って帰る姿が目に留まる。月曜日の朝には、再び走って町に帰ってくる。しかも、今度は食料品をかかえながら走っている」

書類に紛れていたニスカネンの経歴書を見ると、こうした環境整備を進める一方、エチオピアがオリンピックに参加するために必要な、きわめて重要なパイプ作りにかなり早い段階から着手していた事実がうかがえる。この国に来てからわずか二年目の一九四八年、エチオピアのオブザーバーという名目でロンドン・オリンピックに乗り込んだ。さかのぼれば一九二四年のパリ大会には皇帝本人が臨席していたが、エチオピアが代表団をオリンピックに送ったことはこれまでなかった。

ロンドン大会がとりわけ節目の大会とされたのは、エチオピアオリンピック委員会の前身が大会にあわせて組織化されたからで、これはアフリカ大陸では初の試みだった。その意味でも、大会開催の一九四八年は画期的な年になった。オリンピックに参加するには、国ごとにオリンピック委員会を設けることが条件とされている。

一九五二年のヘルシンキ大会でもニスカネンはオブザーバーとして参加した。このとき発行された記者証は記念品として本人も大切に保管していたが、大会には英字新聞エチオピアン・ヘラルド紙記者の肩書きで出向いた。

ヘルシンキへの旅はニスカネンにとって感極まるものだったにちがいない。自分の過去と未来がようやくここで結びついたのだ。フィンランドの従軍から命からがら帰国したのはちょうど八年前。いま再び生まれ故郷の国に戻ることができた。しかも、今度は第二の祖国と慕うエチオピアのためである。経歴書には日付までは記されていないが、国際オリンピック委員会に対し、エチオピアが正式に参加を申し入れたのがこの大会だった可能性はきわめて大きい。ニスカネンは自身の野心をまざまざと思い描いていたはずである。このときからちょうど八年後、ニスカネンの努力はアベベのローマ大会優勝で報われる。

ハイレ・セラシエが出席した一九二四年のパリ大会から時代はすでに大きく変わっていたが、ニスカネンは皇帝が長く夢見てきた願いをかなえるために手を貸し続けた。

パリ大会の折、皇帝は近代オリンピックの生みの親であり、当時、オリンピック・ムーブメントの総裁でもあったクーベルタン男爵とエチオピアのオリンピック参加について意見を交わしていた。だが、男爵のあとを継いだベルギーのアンリ・ド・バイエ＝ラトゥール伯爵はこの議案にあまり乗り気を示さず、一九二八年のアムステルダム大会へのエチオピア参加はとうとう実現することはなかった。

長距離走者の資質

アジス・アベバに戻ったニスカネンだが、体育教師としての仕事のほかにもいくつか仕事を抱え、一九四八年から五四年にかけてはエチオピアサッカー連盟の評議員も務めている。マラソンを始める以前、アベベはサッカーに打ち込んでいたが、この時期、ニスカネンがアベベの走る姿を目にしていたとすれば、サッカーボールを追いかけているアベベだった可能性は十分にあるだろう。

一九五四年、ニスカネンは祖国から贈られた義援金の適正配分を審査する委員会の議長を務めていた。在留スウェーデン人五名からなる委員会で、ニスカネンとしては義援金を資金にスウェーデン式の体育訓練学校を作ることを望んだが、最終的に決定されたのはエチオピア＝スウェーデン建築大学の設立だった。おそらくこの決定に落胆したせいなのだろう、ニスカネンはスウェーデンにいったん帰国している。そして、それから二年間かけて王立スウェーデン体育専門学校で学び直し、指導能力と技術の研鑽に努めた。同じころ学校には二人のエチオピア人が留学しており、そのひとりがベレテ・エルゲティエで、この人物についてはあとで改めて触れることにしよう。

一九五六年、エチオピアに戻ったニスカネンは、この国がはじめて送り出すオリンピック代表団の強化トレーニングを手伝った。このときのオリンピックがメルボルン大会で、代表選手のひとりにマモ・ウォルデがいた。同じころ、教育省体育教育部門の部長とエチオピア赤十字社の非常勤事務局長にもニスカネンは復職した。ただ、メルボルンに同行はしなかった。軍役のため例年どおり帰国して、予備役将校の訓練を受けていたため、オリンピックには同じスウェーデン人のベルティル・ラルソンがニスカネンの代わりに行っている。

エチオピアにとってこの大会は成功とは言いがたいものだった。マラソンに出場したベシャエ・ファラカ軍曹は四八名中二九位、ゲブレ・バーカイは三二位で、二人ともメダルにはかすりさえしなかった。それどころか皇帝へのプレゼントとしてカンガルーの赤ん坊を贈られ、どうやって国に連れて帰っていいかと頭を抱えたのが忘れがたい思い出になった。

ニスカネンとアベベが出会い、マラソンを始めるようになるのは一九五六年から五八年ごろのことで、このころからアベベもランナーとして頭角を現している。五六年、正式にランニングの練習を始めてからまもなくのことでありながら、エチオピアの全軍隊で競う四軍マラソン選手権の記録保持者ワミ・ビラツに次ぎ、二位の記録でアベベは走った。ニスカネンとの関係も、一九五八年までにはすでに揺るぎないものになっていた。

この年の九月、ニスカネンは三名のエチオピア人選手を伴ってスウェーデンに帰国した。アベベ、マモ・ウォルデに加え、サイード・ムッサという現在記録には残っていない選手がいっしょだった。三人ともエリクの家で世話になったあと、ストックホルム郊外のボソンにある教育大学に移ったが、一家に滞在中、ニスカネンは家族に三人はやがてエチオピアを代表するランナーになると語っていた。

ニスカネンがアムハラ語で三人に話しかけていたことを一家は覚えている。三人とももの静かなで、人柄もとてもよく、打ち解けたひとときをすごすことができた。六歳か七歳だったウルフは、遊び半分でボソンの競技場でアベベと競争をした。ウルフがトラックをようやく一周したころ、アベベはすでに四周も抜き去っていた。滞在中、アベベは生肉を食べて腹を壊すという出来事があった。「クットフォー」というエチオピアではよく食べられているタルタルステーキが原因だった。アベベがつま先を痛めたときはエリクが面倒を見ていた。

アベベのオリンピック出場は、ローマへの出発直前まで決定しなかったと語られてきたが、ニスカネンがスウェーデンまで連れて行き、約一カ月に及ぶ訓練を行っていた一九五八年の事実を考えれば、ワールド・スポーツ誌のフィル・ピレイが指摘したように、金メダル獲得はやはり周到に準備された〝作戦行動〟にほかならなかった。

二人の練習がさらに多くの事実を物語っている。ニスカネンが選手にどのような訓練法に基づいて指導を行ってきたかについては、さまざまな資料から詳細に知ることができるが、一九六四年の東京オリンピック直前、アベベとマモの練習を取材したワールド・スポーツ誌には次のように書かれている。

猛暑のもと、大気も希薄なエチオピアの高原で二人は急勾配の丘を走り続け、スタミナと体力を練っていた。無駄な肉をいっさいそぎ落とした二人の走者は、標高三六五〇メートルのエントット山麓の緑の原野を走り抜けていく。ピストンのように律動する腕、赤土の台地を蹴る二人の足音はひとつになって響いていた。照りつける日差しの底では、三〇〇〇年の歴史をもつシバの女王の都アジス・アベバの町並みが広がり、トタン屋根が鋭い日差しを照り返している。二人が牛の群れを追う農民たちを追い抜いた。聖書の時代からそうだったように、先祖代々と変わらぬ方法で農民はいまもこの土地を耕し続けている。

娘ツァガエの本には、ニスカネンがアベベのために用意した一週間の標準的な練習メニューが紹介されている。ツァガエによれば、トレーニングは準備体操で始まり、日によって内容は異なっていた。

月曜日　午前：三〇キロ（市内からスルルタ）
火曜日　午前：一〇キロ（中速・競技場内）
　　　　午後：一五キロ（中速・舗装路）
水曜日　午前：アップヒルとダウンヒルでのリレー
　　　　午後：一五キロ（高速・舗装路）
木曜日　午前：競技場でトラック走とリレー（四〇〇メートル×五、八〇〇メートル×一〇、一〇〇〇メートル×五。それぞれ一本ごとに二〇〇メートルのインターバル）
　　　　午後：三〇キロ（中速・舗装路）
金曜日　午前：五〇キロ（前半・高速、後半・中高速）
土曜日　レース（ハーフマラソン）
日曜日　休み

アベベは日曜日にもエントット山やほかの場所で練習をしていたとツァガエは書いている。トレーニングにはニスカネンもよく付き合い、車で併走して声をかけたり、飲み物を手渡したりしていた。この練習メニューを見るかぎり、走りすぎとも思える金曜日の五〇キロ走を別にすれば、オリンピックを真剣に目指している選手にしては練習はごく標準的な内容だ。奇妙なことだが、練習についてはニスカネン自身、次のような矛盾した文章を残している。

練習は量より質が肝心だ。三〇キロよりも一〇キロのほうが練習の目的にはかなっている。選手たちも一〇キロに慣れてくれた。しかし、テストと称して二週間ごとに二〇キロを走るのを選手たちはやめようとしなかった。

リラックスして走ることもニスカネンは強調していた。アベベという選手は生まれついての才能に恵まれておらず、そのぶん努力して技術を磨いていかなければならない。「トレーニングを始めたころ、アベベは訓練中の兵士のように、死にものぐるいになって走っていた。長距離走者は、体力の消耗を最小限に抑えつつ、つねに走ることに意識を集中させなくてはならない」

走行距離に対するニスカネンのこうした矛盾は、おそらくタイムに対するニスカネン自身の理解の変化を反映していたのかもしれない。そして、ニスカネンは、コーチとは単に練習中の選手の世話だけで済むものではないこともわきまえていた。「選手の心理状態や家族の様子、抱いている関心事についてもコーチは把握していなければならない」

こうしたことが把握できるようになったら、選手のモチベーションを高めるため、コーチは変化に富んだ練習プログラムを組み立てなくてはならない。精神力と同じように体力、スタミナ、速力にも刺激を与える必要があるのだ。（略）ランナーがスタートを切るときには、具体的な目標を忘れずに設定しておく。目標があるからこそ、その達成が選手の自信につながる。そのためにも目標はいたずらに高めるのではなく、むしろ控えめに設定すべきなのだ。

ロベール・パリアントは、フランスのレキップ紙でマラソンに関する広範な記事を書いてきたベテラン運動記者で、ニスカネンのこうした指導法は一九三〇年代に登場してきたものだと言う。いわゆるスウェーデンの〝自然派〟と呼ばれるもので、イェスタ・オランダーによって提唱された考え方である。

トレーナー、撮影技師、登山のガイドでもあるオランダーは、居住するスウェーデン中央部の田舎町ボーロダーレンに生息する動物の動きを観察しているうちにこの考えを思いつく。一九四〇年代に活躍した中距離走の記録保持者、グンダー・ヘッグもオランダーの指導を受けていた。オランダーが勧めたのは〝しなやか地形〟、つまり人工的な道路ではなく、大地のうえを自由に、そして野性的にランニングすることである。〝持久力〟と〝スタミナ〟の違いを研究してきたオランダーの理論は、当時としては最先端をいく指導理論だった。

同じくレキップ紙に勤めていたアラン・ランゼンフィッシャーは、オリンピックとマラソン双方の分野で世界的な評価を得ている記者である。ランゼンフィッシャーは、マラソンという競技を理解するには、これをふたつの部分に分けて考えてみることが肝心だと説く。つまり、前半の三〇キロは〝スタミナ〟が求められる〝プロローグ〟に相当する。この部分はまた、長時間にわたって高速を持続する能力と定義することができる。短距離走者にはない能力であり、マラソン走者はそのための訓練が欠かせず、また、この能力は長期間にわたって向上させていくことができる。レースにおいてはいかにスタミナを消耗することなく、三〇キロ地点に到達するかがポイントなのである。

残りの一二キロは〝モノローグ〟に相当する部分で、またの名を〝持久力〟の区間だという。高速を維持する能力というより、むしろ走り続けることを可能にする能力と定義してもいいだろう。

ランゼンフィッシャーは、アベベの天才性は〝たぐいまれな持久力〟にあり、つねに生き生きとした状態を保ちながら、全コースを持久力で走ることができる能力に恵まれていたことだと説く。つまり、ニスカネンが果たした役割とは、「自分自身で自覚する以上の運動能力に恵まれている選手に対して、スカンジナビア流の厳密さをもたらした」点にあったと語る。

一方、パリアントは、ニスカネンが見出したアベベというランナーは、〝スタミナ〟と〝持久力〟の両方を生まれながらにして授けられた走者で、その能力はいくらトレーニングを積もうとも決して得ることはできないと説く。だが、これまで見てきたように、ニスカネンはこうした説について全面的には同意はしないだろう。なぜかといえば、アベベの能力は生まれつきのものではないと考えていたからである。それでもパリアントは言う。

ニスカネンは金の鉱脈を掘り当てたのだ。ある種の冒険家なのかもしれない。アベベの走法に手を加え、競技場ではなく、上り坂あり、下り坂ありの自然のもとで、アベベに一層の走力をもたらした。ニスカネンはアベベの〝スタミナ〟を向上させたのだ。

ローマ大会でアベベに次いで二位に入賞したモロッコのラジ・ベン・アブデセラムもまた、アベベと同様の資質に恵まれていた。ラジは北アフリカのアトラス山脈の一角、リフ山脈の高地で羊飼いとして幼少時代を過ごした。「フランス陸軍にいたとき、ラジの疲れを知らない頑強さが上官の目に留まった。ラジも持久力に優れた走者だった。トレーニングはまずスタミナを向上させることから始まった」とパリアントは言う。

エチオピアなどの東アフリカ、またラジのモロッコのようにアフリカ諸国の選手がなぜ生まれながらにしてマラソンの才能に恵まれているのか、その理由のひとつとして、こうした選手がいずれも高い海抜地帯の出身であることはすでに明らかになっている。一九六〇年代、アベベやほかのランナーの成功をきっかけに、ようやくこの事実にも理解が及ぶようになった。

かいつまんで説明すれば、赤血球中に含まれる酸素と結合するタンパク質、つまりヘモグロビンがこの能力には関係しており、高地出身の民族ではそのしくみが微妙に異なるためランニング中でも楽に呼吸ができるのだ。ランゼンフィッシャーの言葉を借りれば、要は「海抜二〇〇〇メートルの土地で一二〇キロ走ることは、低地で三〇〇キロ走ることに匹敵する」のだ。

二人の絆

ニスカネンのトレーニングは、マッサージとサウナで締めくくられていたようである。エチオピア初のサウナは、アーネとカーメンのルービン夫妻が建てたものだった。ニスカネンはルービン家に選手たちをよく連れていったが、一九六二年に夫妻が帰国するとサウナを買い取って自宅に据え付けた。

リラックスには効果のあるサウナも、選手たちの能力を向上させる効果があるかどうかという点でははなはだ疑問だが、ニスカネンは訪れる選手たちの世話をかいがいしく焼いていた。主人のニスカネンみずからが選手たちの料理や飲み物を特別に用意していたと、この家のコックだったローマン・レータは言う。

ローズヒップのスープとその花粉は、ニスカネンの料理には欠かせないスウェーデンの食材だった。これで作ったスープはかの国では古くから愛飲されているデザートで、ビタミンCに富み、冷やして飲めば渇きを癒す効果があり、風邪薬としてもよく飲まれている。アベベもはじめからこうした外国の飲み物が好きだったわけではない。好んで口にしていたのは伝統的なエチオピア料理で、ツァガエの話では、アベベは「マラソンのために特別な食事をとることはなかった」

父は食べられるときには三度の食事を欠かすことはなかった。朝は目玉焼きと牛乳。断食中は大麦のお粥か果物で、お茶を牛乳代わりに飲んでいた。昼食と夕食は、インジェラに羊の肉のシチュー、あれば鶏肉を煮込んだドロ・ワットだったが、どれにもたっぷりの唐辛子とバターを添えた、昔ながらの食べ方だった。どれだけ脂肪分をとろうと父にはあまり関係はなく、なにを食べようと激しい練習で使い果され、消化していった。脂肪分と唐辛子を控えるようにニスカネンには何度も言われたが、忠告にほとんど耳を貸そうとしなかった。肉がとにかく好きで、肉という肉をおいしそうに食べていた。時には生肉に唐辛子をかけただけの場合もあった。

信心深いアベベがエチオピア正教会の説く断食を破ることはなかったが、断食の水曜日と金曜日、そして特別に設けられた期間は、大好きな肉も口にはできなかった。アベベは午後のシエスタも大好きだった。

選手たちに対するニスカネンの信頼が揺るぎないものだった事実に疑いはないだろう。とりわけアベベとの関係において、その絆が強固だったことに疑問の余地はない。だが、二人のあいだには言葉の壁という障害があった。アベベも片言の英語は話せるようになったが、知り合ったばかりのころはひと言も話せなかった。ニスカネンもアムハラ語を話せたとはいえ挨拶の域に留まった。にもかかわらず、二人のことを知る人で、彼らの信頼の絆を疑う者は誰ひとりとしていなかった。

「マッサージ、食事、睡眠と、ニスカネンは赤ん坊を相手にするようにアベベの面倒を見ていたわよ。どんな些細なことでも世話を焼いていたわ。二人は片時も離れることはなかった。アベベは純真な子供のようで、世間のことなどなんにも知らない。本当に聞き分けがよくて素直で、心根のきれいな青年だった」

カーメン・ルービンは二人の様子をそんな風に記憶していた。

ニスカネンが通学していたころのストックホルムの王立スウェーデン体育専門学校には二人のエチオピア人が留学していた。そのひとりベレテ・エルゲティエはこう語る。「二人はとても仲のいい友人だった。このころ、アベベにとっても、成功するにはニスカネンの協力がどうしても必要だった。スウェーデンにいるあいだも、ハーブティーやブドウ糖、アベベに入り用と思われるものをニスカネンは買い込んでいた」。ベレテはのちにスウェーデン人女性と結婚して、引退後はこの国で生活を送ることになる。

ツァガエによれば、ニスカネンはアベベのことを自分の〝ひとり息子〟だとよく口にしていた。多くの人が二人の関係は父親と息子のようなものだと考えていた。しかし、うがった見方が許されるのなら、その間柄とは実は主人と召使いの関係と言えるようなものだったのかもしれない。そんな印象を与えてしまうのは、ニスカネンがみずからの人生に設けた厳しい壁のせいなのだろう。ニスカネンの生活においては、公的な仕事、愛人との生活、選手たちとともに過ごす時間が峻別され、それぞれの生活は決して重なりあうことがなかった。

ニスカネン自身、選手たちが自分の知人と同席するのを意図的に避けようとしていることに気づいていた。両者の世界はあまりにもかけ離れていた。選手たちは結局エチオピアのごく普通の庶民なのである。ヨーロッパ人はもとより、都会の水に洗われて高い教育を受け、時には上流階級特有の傲慢さに満ちた同国人にさえ、選手たちは及び腰だった。両者に相通じるものなどなにひとつとしてなかった。

おもしろいことに、カーメン・ルービン同様、ニスカネンの友人や家族も口をそろえて、アベベは物静かで控えめな人間だと言う。言葉の問題もあるのだろうが、実を言えば、ヨーロッパ人と向かい合うときのアベベはいつもこんな様子だった。だが、自分と同じような生まれのエチオピア人がいっしょだとその性格は一変し、我を強く押し出した。もっとも、これはもう少しあとになってからの話である。

さらに忘れてはならないのは、ニスカネンとアベベの関係が、始まりと終わりとでは違ったものに変容していた点である。二人の関係は時間とともに変わった。ローマ大会以前の二人の関係は、その後の関係に比べて、よそよそしく事務的なものだったのだろう。一九六〇年ごろまで、ニスカネンは、アベベをはじめとするエチオピア選手を素材に、若き日の自分が目標としていた優勝選手に育て上げ、完全無比の走者を作り出すことに心血を注いだ。

だが、一九六〇年から六四年にかけて二人の関係は変化を迎える。カーメン・ルービンが間近で見ていたように、この時期のニスカネンはアベベの世話を一から十まで焼くようになっていく。一九六四年以降になると、事態は再び緩やかな変化の局面を迎える。今度はアベベ自身が成長の時期を迎えようとしていた。そして、成長とともにアベベは傲慢さも身につけ、やがて自分を育て上げてくれた男のもとから少しずつ距離を置いていった。

一難また一難

アベベをスウェーデンに連れていった一九五八年を考えると、ニスカネンがアベベとマモ（五六年のメルボルン大会に出場）の二人を将来の金メダリストと考えていたのは明らかである。しかし、多くのエチオピア人の目にそれが明らかになるのは一九六〇年七月まで待たなければならなかった。アベベはこの年の四軍陸上選手権で、エチオピアのマラソン記録保持者ワミ・ビラツを二時間三十九分三十九秒五〇のタイムで破っている。陸・海・空の三軍と親衛隊が参加する四軍陸上選手権は、エチオピアでは非常に権威のあるレースで、例年皇帝も臨席していた。一九五二年のヘルシンキ・オリンピックで、チェコのエミール・ザトペックが更新した二時間二十三分〇三秒〇二に比べれば、記録はまだ及ばなかったとはいえ、確実に近づきつつあった。

ローマ・オリンピックまであと三カ月から四カ月と迫っていたころ、エチオピアのスポーツ当局は、トレーニングを目的に、オリンピックの有力候補の選手やコーチをデブレ・ゼイトの空軍基地に集めた。宿泊や食事をはじめ、訓練にふさわしい設備が整っているだけではなく、アジス・アベバに比べて一〇〇〇メートルも海抜が低い土地にあるため、選手たちの身体にかかる負担も少ないと考えたからである。

合宿中、アメリカから招聘された黒人トレーナーが選手たちにアドバイスを授け、エチオピア人コーチやニスカネンらによって基本的な訓練が進められた。選手たちの調子がよかったことに加え、オリンピックにかかる経費や一九五六年のメルボルン大会の失敗を考慮したうえで、ローマ大会では長距離走に的を絞って選手を強化することが決定された。

スウェーデンに留学したベレテ・エルゲティエも候補選手としてキャンプに参加しており、「アベベはいい結果を出していた。本人もその気は十分で、周囲も注目していた」と言う。さらに、「ニスカネンは付きっきりでアベベの世話を焼いていた」と語る。デブレ・ゼイトでは、選手たちのあいだに緊張が高まり、陰湿な嫌がらせも起き始めていた。ライバルを蹴落とすためなら、薄汚い手も平気で使う選手がいたことはベレテも覚えている。選手のベッドのなかにネズミの死体がこっそりと置かれた。

マラソンには四名の花形選手がいたが、ローマへの切符は二名しか用意されていない。四名とは、ワミ・ビラツ、アベベ・ワギラ、名前は伝わっていないが職業は警官だという選手、そしてアベベ・ビキラだった。アベベ・ワギラも軍人だが、所属は親衛隊ではなかった。キャンプ中、警官だという選手が行方をくらまし、代表選手はワミとワギラの二人が選ばれるはずだと誰もがそう考えていた。

そうしたなかで最終選考のレースが行われた。五〇名以上の選手が参加したレースである。リードはワミがとったが、そのワミの突然のリタイア。苦しんでいた腫瘍が原因だった。アベベが試合を一気に決めた。タイムは二時間二十一分二十三秒。レースを見ていたニスカネンや関係者が目を見張る結果で、叩き出された記録に誰もが呆然としていた。数週間前に行われた四軍選手権の自己記録を十八分も縮めただけではなかったのだ。あのザトペックの記録さえアベベは粉砕していたのである。

二位には自己最高の二時間三十分二十六秒でワギラがつけていた。代表にはこの二名が選ばれた。三十九歳のワギラは年齢的にオリンピック代表にはふさわしくないのではないかという意見が出て、自分はその擁護に回らなければならなかったとニスカネンは書き残している。

それから数日、一行はローマに向かうの準備に追われた。スーツ二着があてがわれ、一五〇ドルが小遣いとして支給されたが、そのうち五〇ドルは全員が出発前に家族に手渡していた。皇帝にも挨拶に出向いた。宮殿の屋外に並んだ選手たちを選手団の代表であるイドネカチュ・テセマが順々に紹介していく。一九九七年の現在、七十七歳になったワギラはいまでも謁見の様子をはっきりと覚えていた。ワギラは、アジス・アベバから北へ車で二時間ほどのところにある田舎町フィシェのあまり裕福と言えない地区に住んでいた。

皇帝は選手ひとりひとりについて質問すると、それから私たちのほうに向き直った。アベベも私もがりがりにやせていたので、「この者たちは何者か」と皇帝はイドネカチュに尋ねられた。マラソン選手だと聞いて、「これだけやせていて勝てるのか」とおっしゃられた。そこでイドネカチュがタイムを伝えると今度はこう言われる。「聞いているのは記録ではない。知りたいのはこの者たちで勝てるかどうかということだ」。そう言われてイドネカチュは黙り込んでしまった。

皇帝もこうしたやりとりをいささか楽しんでいる様子だったというが、一行が翌日、ローマに向けて出発することを知ると機嫌は明らかに変わった。初耳だったのである。謁見の最中、選手たちの足下では皇帝の飼い犬が鼻をすり寄せてクンクンと鳴いていた。ここに至るまでのあいだ、イドネカチュとニスカネンの二人には辛い毎日が続いていた。頭を抱え込んだ問題のひとつが遠征資金の捻出である。一九五六年のメルボルン大会でめぼしい成果をあげられず、ローマに代表団を送り出すことについては強い圧力がかかっていた。

当局に対し、エチオピア参加の意義を説得したのはニスカネンだった。イドネカチュも堂々たる論陣を張った。メルボルン大会という実績がありながら、ここでローマ大会への参加を思いとどまれば、イタリア侵攻に対してエチオピアがまだ〝癒しがたい不信感〟を抱いているという誤解を招いてしまう。両国の関係正常化を図るためにも、オリンピックに代表団を送り出すことはきわめて重要である。

もうひとつの問題は陸軍と親衛隊の抜きがたい対抗意識だった。親衛隊の司令官たちは当初、オリンピック選考会に自軍の兵士を参加させることを拒んでいた。そこでニスカネンはのちに親衛隊の体育局長になる、当時陸軍の体育局長だったベケレ・ゲザウ大佐に取りなしを懇願して、陸軍の選考会に親衛隊の候補選手も参加させるよう頼んでいた。この選考会が実現したおかげでアベベも頭角を現すチャンスが得られた。

しかし、ニスカネンの問題はまだ続いた。今度はニスカネンに対し、エチオピア人のコーチたちが反旗を翻したというものであり、ひとつの噂として、少なくともそんなことがあったという、次のような話が伝わっている。

その噂話によると、エチオピア人コーチたちは、ローマに同行するコーチは自分たちのなかから選びたかったが、分《ぶ》はニスカネンにあった。なによりマラソン選手たちがニスカネンの同行を望んでいた。ニスカネンもマッサージ技術の習得に余念がなかった。この技術があれば代表選手全員が恩恵にあずかれる。ニスカネンならさまざまな国際大会にも出席しているし、一年間の医療訓練という経験にも恵まれ、事務管理にも長けているのでその点でも都合がいい。

しかし、ニスカネンのローマ行きに対する自国コーチたちの抵抗はしぶとく、ニスカネンを除外できなければ、最後の手段として自分たちのなかから一名をアシスタントとして同行させよと迫った。だが、そのもくろみは出発の二、三日前に吹き飛んでしまう。予算削減を理由にボクシングの出場が急遽中止になり、派遣団の規模も三〇名から一五名に縮小することが閣議で決定された。

今度はイドネカチュが不安を募らせる番だった。ローマで結果を出せなければ、ニスカネンの仲間として自分も深刻なトラブルに巻き込まれてしまうかもしれない。将来、国際大会に出場する機会が訪れても、負けてしまえば予算など、今後とうてい期待することができなくなる。

こうした確執はベケレ・ゲザウ大佐も覚えており、結局、問題は皇帝みずからが裁定に乗り出して解決しなければならなくなった。ニスカネンの便宜を図るために、このとき大佐は国防大臣でありまたエチオピアスポーツ連盟総裁でもあったメリド・マンゲシャ中将のもとを訪れて経緯を説明すると、中将はいきさつを宮廷に取り次いでくれた。皇帝がニスカネンのローマ行きに同意すると問題はたちどころに決着した。

エチオピア人コーチにかかわるもうひとつの噂は、ベレテ・エルゲティエが教えてくれた。ベレテはプロの陸上コーチだが、最終選考には漏れたとはいえ、ローマ・オリンピックのときにはリレーの有力候補としてデブレ・ゼイトの選考会に参加していた。ベレテの話では、ローマへの同行コーチとして、エチオピア人のラコ・イグレトゥが同国人コーチによる投票で選ばれた。

だが、ラコのことを快く思っていないイドネカチュによってこの決定は反古《ほご》にされてしまう。代わりに選ばれたのがベレテ本人だった。だが、ベレテはローマ行きを断る。自分がデブレ・ゼイトに来たのはコーチが目的でもないし、ローマ行きの切符を他人が奪ってしまうのはフェアでもないと主張した。そこでもう一度投票が行われることになり、その結果、驚いたことにニスカネンが選ばれたというのだ。

いずれにしろコーチ問題にも決着がつき、一行もあとは出発を待つばかりだった。一九五八年のスウェーデン行きでアベベは飛行機をすでに経験していたが、ワギラははじめてだった。はじめて乗ったとき、緊張しなかったかとワギラがアベベに尋ねると、「いいや」と答えたという。なぜならアベベは「軍人だから」である。

だが、アベベも自分も「ランニングシューズのことは心配していた」のをワギラは鮮明に記憶していた。

第4章　ローマの衝撃

裸足の真相

ローマ・オリンピックは見所の多い、見事に組織された大会だった。

一九六〇年八月二十五日木曜日に迎えた開会式の当日、ローマでは教会という教会が鐘をいっせいに鳴らしてオープニングを祝った。開会の祭典をひと目見ようと一〇万もの人々がスタジオ・オリンピコを埋め尽くし、日ごろ物怖じしない報道陣も圧倒され、開会式当日の様子を報じる筆先はうわずっていた。

オリンピックで戦後のイタリア再興を印象づけようという関係者のもくろみは、その点で申し分のない成功を収めた。イタリア経済は活況に沸いて、さながらローマという町そのものが、この年に封切られたフェデリコ・フェリーニ監督の名作『甘い生活』の生きた証拠だった。

ドナート・マルトゥッチは当時、オリンピック委員会の報道主任として働いていた。

「私たちはあのオリンピックで、イタリアは自由の国であること、ファシズムを抜け出して進取の精神に富む、新しい国に生まれ変わったことをアピールしたかったのです」と当時の思いを語る。ローマ大会こそ商業主義がはびこる以前の最後のオリンピックになったと述懐する。

オリンピックに向けて、巨大建築の建造が続けられてきた。スタジオ・オリンピコは、男性裸身像に取り囲まれて建つ、ムッソリーニの壮観な旧スタジアムに隣接している。ここに住んでいたロマ族や難民、それにマルトゥッチが言う〝盗賊ども〟は一掃されて、跡地には選手村や関連施設が何棟も建てられ、大会運営や海外からの観客の応援のため、ボランティアが何百人とかり出されていた。

現在、国際陸上競技連盟（ＩＡＡＦ）で働くジャコモ・マッツォッキは、当時まだスポーツ好きの青年にすぎなかったが、お気に入りの試合と大会のうちとけた雰囲気はいまでもよく覚えている。市民と選手が交流したり、練習を市民が観戦できたりしたのもこの大会が最後だった。

ローマに続いて東京オリンピックも取材したイギリスのスポーツジャーナリスト、ニール・アレンは著書『オリンピック・ダイアリー：ローマ１９６０年』でこの大会を次のように記している。

ローマの上流階級の面々は、はじめのうちこそオリンピックには無関心を装っていたが、いまでは開会式を見物することこそ粋ではないかと考え始めていた。日ごろはおのれの身なりに自信たっぷりの紳士やこんがりと焼けた肌がたいそう自慢の淑女たちだったが、押し合いへし合いしながらもなんとかひと息つける自分の席へとたどり着いた。

斉射が三度繰り返されて、ローマ・オリンピックは開幕した。鳩の群は「スタジアム上空を旋回すると、やがて大空へ向かって飛んでいき」、教会の鐘は「高らかにその音を響かせた」と綴るアレンは「イタリアに一〇〇点満点」と書き加えた。

華やいだ雰囲気はエチオピア選手団をそわそわさせずにはいられなかったが、ニスカネンとイドネカチュに手綱を緩めるつもりはない。催し物すべての見学を許されたわけではないが、競技のほとんどは選手たちも観戦することができた。用意されたバスに乗ってオリンピック特別ツアーにも参加した。

ニスカネンは選手たちと常々行動をともにしていたので、選手たちは早ばやとベッドに追いやられ、ローマの夜を楽しむなどできる相談ではなかった。小遣いを懐に町に出かけても、買い求めるのはせいぜいTシャツか普段履きの靴ぐらいだった。道に迷うと通りすがりの人を呼び止めて、胸につけたオリンピックのバッジを見せた。「みんな本当に気さくで、オリンピック村まで送ってくれた」とアベベ・ワギラは言う。ただ、イタリアとエチオピアの過去の事件について触れた、無神経な横断幕が掲げられていることもあった。ニスカネンにとっても、一族そろって会える機会だった。弟のアーネも訪ねてきていた。

練習はこの間も続き、アベベとワギラを連れてニスカネンはコースの下見にも出かけた。実際に走ったのはレース当日のようだが、このあたりでランニングシューズの件についても触れておかなければならないだろう。二人ともエチオピアでは裸足で走っていたが、オリンピックという状況を考えれば、それは国の沽券にかかわってくる。裸足で走れば、エチオピアは貧しい国で、マラソンシューズさえ用意できないという、あらぬ誤解を招きかねない。

そこで、アベベとワギラは調子を確かめようと、シューズを履いて一〇キロを走ってみた。しかし、足は痛んでペースが落ちる。ニスカネンとも相談して、結局履かずに走ることが決まった。アベベはシューズを履いて出場したが、途中で脱ぎ捨てたという説もある。だが、そんな事実はなかったとワギラは言う。レースの直前、二人はテントに隠れていた。人に見られ、エチオピアの選手は裸足だと笑われたくはなかった。

競技の模様は大会を映した鮮明な映像のおかげで詳細な点まで確認できるが、スタートを切った選手たちのなかに、たしかに裸足の二人がいる。娘のツァガエの本には次のような一節がある。

持ち込んだシューズを履きつぶしたため、足に合うシューズを探しに父は買い物に出かけた。足になじませようと、レースの数日前から履きならしていたが、父の足はつま先が細くてほっそりとしているため、シューズはどうしてもなじまない。それどころか、水ぶくれができて痛み出す。こんな調子でどうすれば四二キロを走り通せるか、父は当然のように不安を募らせた。妙案はいっこうに浮かばない。考えたすえにひとつの方法を思いつく。裸足だ。（略）エチオピアに勝利をもたらすと約束をしていたニスカネンには、父が裸足で走ることは、進んで墓穴を掘ることにしか思えなかった。

試合直前、モロッコのラジ・ベン・アブデセラムは、偶然だがアベベの素足をまじまじと見る機会を得たが、その足は娘が言う「ほっそり」とはほど遠いものだった。このエピソードはスポーツ雑誌に掲載され、またアラン・ランゼンフィッシャーも自著で引用している。ラジは試合当日の朝、指示に従ってイタリア人医師を訪れ、そこでアベベと会ったことを覚えていた。ラジが医師のもとに着いたとき、アベベはすでに診療台で横になっていた。

足を見てびっくりした。裸足で走っていたのはあとで知った。分厚くて真っ黒で、石炭みたいな足の裏だった。触ってみたくてね。みっちりしていて、軍用トラックのタイヤみたいに頑丈そうな皮だった。これだったら裸足で走っても痛くはないはずだ。ただ、こんなに分厚くても、ものすごく敏感だった。指でそっとなでてみたんだ。その瞬間アベベのやつ、診療台から飛び上がって、目を丸くしてこっちを見ていた。

自著のなかでツァガエは、スタートの直前、ある記者が通訳を介してアベベになぜ裸足で走るのかと尋ねた話を紹介している。アベベは「いつも裸足だ」と答えた。相手は「裸足で最後まで走り通せるのか」とさらに問い返してきたが、これにはアベベもぴしりと言い返した。「最後まで走るつもりがなければ、そもそも競技には出ていない」

背番号185の正体

エチオピア陣営は緊張を募らせていた。これまでの大会ではマラソンは大会中盤に実施されていたが、ローマでは大会の最終競技として行うことがすでに決まっていたのだ。大会が終盤に入ってもまだ結果を出せていないエチオピア陣営は頭を抱えた。自転車に出場したゲレモ・デモバはレース中に落車して肩を骨折、アジス・アベバではすでに譴責《けんせき》のナイフの鞘が払われていた。

団長のイドネカチュは、当局や派遣に反対していた一派のしたり顔が思い浮かぶようだと漏らしていた。「どうしてこんなに金が必要なのだ」とそればかりを言われ続けた。「そんな噂が聞こえてくるたびに、代表団は心配にかられ、不安を募らせていた。そんな自分たちに残された頼みの綱こそアベベだった」

レースは九月十日土曜日の午後五時三十分に始まった。天気は申し分ない。太陽は輝いて、空は見事に青い。ミケランジェロが設計した荘厳なカンピドーリオ広場に集められた選手たちを、マルクス・アウレリウス帝の騎馬像が見下ろしていた。選手たちはコルドナータの下、大階段の真下に集められた。ここがレースのスタート地点である。

アベベとワギラの二人はオレンジ色のランニングパンツと緑色のランニングシャツ姿で、アベベのシャツにはゼッケン11がつけられていた。無名の二人はまったくのノーマークだった。専門家が選んだトップ二〇にもランクされていない。オーストリアのジャーナリスト兼カメラマンのハーラルト・レッヒェンペルクは、「その場に六人のアベベがいたとしても、誰も注意など払いはしなかった。エチオピアのスウェーデン人コーチは、二人とも一流の走者だと言っていたが、ほとんどの観客には舌をかみそうな名前の選手にすぎなかった」

ニスカネンは、アベベがオリンピックの最終選考会で出した二時間二十一分二十三秒というタイムを公表していた。だが、このタイムについては誰も真剣に取り合おうとはせず、記録はニスカネンのストップウオッチが故障していたせいだと、その程度にしか考えていなかった。

全六九名のランナーのうち、優勝候補と目されていたのはロシアのセルゲイ・ポポフだった。一九五八年、ストックホルムのヨーロッパ選手権で二時間十五分十七秒という空前の世界記録をたたき出して優勝している。アベベの足の裏を見たモロッコのラジもポポフに次ぐ前評判だった。これまでフランスの国旗のためにラジは戦ってきたが、祖国モロッコが独立した直後だったので、この大会では新しい国旗のために走った。もっとも、身分はまだフランス陸軍に所属しており、実際はフランス人として扱われた。ラジはクロスカントリーの世界チャンピオンでもあった。年齢は未詳で、三十一歳だと自称していた。

スタートを控えて選手たちは準備運動を始め、柔軟体操やジョギングで身体をほぐすことに余念がなかった。記録映像には青いトラックスーツを着たアベベが映っている。選手たちがスタート地点に集まって身構えると、その瞬間を見届けようと何千という観客が身を乗り出した。ハンマーに鎌の国旗をあしらったシャツのポポフは、仲間と冗談を言って笑っている。余裕の自信だ。つかの間、カメラがアベベの表情を捉えたが、その顔は緊張でこわばっている。「このエチオピアの選手の名前はどう呼べばいいのでしょうか」。実況がそうコメントしていた。

コースは四二・一九五キロメートルの標準距離、歴代レースのなかでもっとも見所に富むコースに選ばれた。「走《アスレチック》るオペラ」とたとえたジャーナリストもいた。カンピドーリオ広場の石段の真下を出発したあと、コースは一九三五年完成の通称「ウエディングケーキ」と呼ばれるヴィットリオ・エマヌエーレ記念堂でぐるりと回ってフォーリー・インペリアーリ通りに入る。それから古代ローマの心臓部フォロ・ロマーノ、コロッセオ、コンスタンティヌスの凱旋門とたどって、カラカラ浴場の広大な遺跡を過ぎていく。ローマの現代的な都市部を走り抜けると、コースは紀元前三一二年に古代ローマの執政官アッピウス・クラウディウスによって敷かれたアッピア旧街道へと続き、やがてゴールへと向かう。

レース前、ニスカネンは要注意の選手を二人に教えたうえで、そのゼッケンを覚えておくようにアドバイスしていた。ソ連チームのランナー、モロッコのラジ、ニュージーランドのバリー・マギーのほか二、三名の選手がいた。そして、選手の気持ちを高めるため、二人とも一〇位以内には入れると太鼓判を押した。

だが、ニスカネンのこの忠告が混乱を招いてしまう。ゼッケン26番で出場するはずのラジが、本番では185番で走っていた。185番は二日前に行われた一万メートルでラジがつけていたゼッケンだが、ラジはこの背番号のままマラソンにも参加していたのだ。そして、背番号が原因でアベベは、自分が競い合っている相手がラジ本人だと最後まで気づくことができなかった。「そうと知っていたら、もっと早い段階で勝負に出ていたはずだ。記録はさらに二分短縮できた」と試合後、ニスカネンはそう断言した。

号砲とともに選手たちがいっせいに飛び出した。しかし、直後に大騒動が発生する。「スタート地点の大階段めがけて群衆が押し寄せた。数千人の観客が道路に殺到したにもかかわらず、バスも車も押し通ろうとした」とニューヨーク・タイムズ紙はこのときの様子を報じる。「死にものぐるいで押し返した」とコメントしたのは国際オリンピック委員会のバーリー卿だ。ほかの委員たちも、「群衆を押し返して、ランナーが走り抜けられるようにしなくてはならなかった。警察はあてにはできなかった」と語った。バーリー卿とオリンピックのかかわりは古く、ハイレ・セラシエが臨席した一九二四年のパリ大会では卿は競技者として参加、一九二八年のアムステルダム大会では四〇〇メートルで金メダルを獲得している。

公式映像にはゼッケン12をつけたワギラがアベベのすぐ前を走っている姿が映って

いる。スタート直後のもみ合いがやむと群衆も数を減らしたが、それでも沿道には途切れることなく人が立ち並んだ。コロッセオの壁に陣取った見物客たちは、駆け抜けるランナーたちに向かって声援を送っていた。

スタート直後、アベベは先頭集団にいなかったが、まもなく先頭集団が距離を広げていく。アベベはポポフやマギーといっしょに第二集団で走っていた。だが、五キロ地点にさしかかるころになると、アベベは先頭集団の末尾五人目につけていた。モロッコのラジ、イギリスのアーサー・カイリー、ベルギーのオーレル・バンデンドリッシュ、そしてもうひとりのモロッコ人選手アッラール・サウディーで構成されたグループだ。

一五キロ地点手前でサウディーが脱落して集団は四人になる。車で伴走してランナーを撮影していたカメラマンの目に、アベベの存在がようやく留まり始めていた。カメラマンはその足にレンズを向けた。「小柄なエチオピア人は（略）華奢で筋だらけの脚で、マラソン伝説に登場する伝令のように走り続けた。牡鹿のように敏捷な走りだった」と前出のオーストリア人ジャーナリスト、ハーラルト・レッヒェンペルクは書いている。

一八キロ地点、最後のリード争いが始まった。ラジが前に出るが、アベベもスピードを落とさずについていく。ここから試合終了まで、レースは二人の独壇場と化した。

「二頭立ての馬車のように、二人の脚はリズミカルに音を刻んだ」とレッヒェンペルク。ゼッケンが原因で、アベベは並んで走っている相手こそモロッコのラジ本人だと気づいていない。大会には三名のモロッコ人選手が出場していた。ニスカネンはこの点について次にように記している。

アベベはいっしょに走っているのは別のモロッコ人選手だと思い、ラジは自分の前を走っていると考えていた。そのため、最後の五キロに備えて体力を温存し、スピードを必要以上にあげることは抑えていた。モロッコの優勝候補ラジの姿をとらえたとき、最後の力を使い果たす準備はできていた。

「あの選手は誰なんだ」

アッピア旧街道にさしかかった三〇キロ地点、アベベはじりじりと前に出始めていた。夜が迫ってきていた。レッヒェンペルクの筆はいよいよ佳境を迎える。

口ひげをわずかに蓄えた褐色の走者は、足取りも軽く、まるで宙を飛ぶかのように走り続けた。コース沿いの給水所ではほとんどの選手がブルーベリージュースやグルコース、栄養剤を手にする。しかし、アベベは拒んだ。体が渇いていようがい

ローマ五輪の「裸足のアベベ」。右はモロッコのラジ・アブデセラム。1960年9月10日（ゲッティ／共同通信イメージズ）

まいが、それに耐えて走ることにアベベは慣れていた。（略）夕闇があたりを包み始めていた。コースはいまアッピア旧街道にさしかかろうとしていた。（略）沿道では燃えさかるたいまつをかざして一〇ヤードごとに狙撃兵《ベルサリエーレ》が立ち並び、走者に正しい行く手を示している。まるで幻想の絵巻のように、走者たちのシルエットがかげろうとなって駆け抜けていった。

やがて時の車軸は巻き戻されて再び二十世紀のいまに戻る。雨風にさらされた碑文、いにしえの石塁、石墓の彫刻、首をなくした石像など、沿道に点在する遺跡が走者たちの目にぼんやりと姿を現し始めていた。しかし、走者には思いを馳せる余裕はない。力という力を身体の底から絞り出さなければならない。（略）沿道は人で埋め尽くされていた。生霊さながらの様子で駆け抜けていく走者に、女たちはひざまずいて十字を切った。

三九・三キロ地点でドミネ・クォ・ヴァディス教会を通過。ローマを逃れた使徒ペテロがキリストと出会ったとされる場所に建つ教会である。しばらくしてアベベとラジの二人はアクスムのオベリスクの前を走っていた。四世紀のエチオピアで作られたこのオベリスクは、二五年前、ムッソリーニの軍隊によってエチオピアから奪い去られたものだった。アクスムは古代エチオピアに栄えた王国で、ムッソリーニは奪い取った二四メートルの石柱をイタリア東アフリカ省の庁舎前に移設していた。戦争が終わると、エチオピア人が閉め出されていた庁舎は国連の食糧農業機関に引き継がれた。ゴールから二キロちょうどに立つオベリスクが見えたらラストスパート、ニスカネンがアベベにそう指示していた可能性は高い。事実、そうだったはずだと広く信じられ、アベベもここを起点にラストスパートをかけた。ニスカネンも後年、アベベのラストスパートはここから始まったと書いているが、それが自分の指示だったのかどうかについては触れていない。ワギラにいたってはオベリスクを通過したことすら覚えておらず、ひたすら走り続けていた。

いずれにせよ、アベベはこの場所を境に飛び出していった。四一キロ地点、アベベはラジの五メートル先を走っていた。ラジはもうアベベに追いついていけない。「抜かれたときに受ける心理的なダメージは、決して理解してもらえるものではない」。『マラソン物語』の著者で、自身もマラソンランナーであるアラン・ランゼンフィッシャーは言う。

残り約二キロのラストスパートにアベベは入っていた。ここまでの直線コースで、アベベはほかの選手よりスピードの点でとりたてて勝っていたわけではないが、ペースを落とすこともなかった。アベベがスピードをあげ、ラジを除くほかの選手たちを抜き去ったのはおよそ二〇キロの地点だった。

「前半二〇キロは流していくように言っていた。（略）アベベが指示に従ったのは明らかである」。ニスカネンはそう書き残し、「優勝候補とされていたほとんどの選手が、ひとりまたひとりと後退していったのは、時速二〇、三〇キロという速さのせいであり、それについていけたのはラジしかいなかった。しかし、そのラジでさえアベベが残り数キロでラストスパートに入ったときにはままならず、むざむざとアベベを見送るしかなかった」

レースが最後の直線コースに達すると、スタンドの観客は総立ちになった。だが、数千という観客にもかかわらず、客席の多くは空いていたという。ニューヨーク・タイムズ紙の通信員アリスン・ダンジグは、ただ見の観客が多かったからだと考えていた。「さらに数千人の観客が、コンスタンティヌスの凱旋門の向こう側に集まっていた。そこからはなにも見えないので、観客たちは世紀の瞬間のために用意された壮大なゴールに近づこうとしていた。警察官が群衆を囲いのうしろに押し戻そうとしていたまさにそのとき、突然歓声があがった。最初のランナーの姿が飛び込んできた。アベベだった」

残り一キロというときになって記者席は大騒ぎになっていた。勝利に向かって突き進んでこようとするこの期に及んでも、アベベの名前を知っている記者はひとりとしていなかった。前出ニール・アレンは次のように書いている。

突然、向こうから光をきらめかせてやってくる一団が見えた。しつこくつきまとっていたランブレッタ製のスクーターが一台いたが、寄ってきた車とひともめして離れていった。そのときだ。アベベの姿が現れた。リズミカルな足どりでアッピア旧街道を力強く向かってくる。この街道こそ自分の先祖を奴隷におとしめた征服者が歩を進めた道だった。

テープを切る直前、アベベはわずかに両手をあげて飛び込んだ。関係者がただちに駆け寄るが、アベベは前屈してつま先に触れるとその場で軽くジョギングを始めた。ニスカネンが人混みを割って現れ、愛弟子を抱きしめた。大勝利の直後にもかかわらず、アベベのあまりの落ち着きぶりに改めて観客は驚いていた。毛布が差し出されたが「手を振って断った」とレッヒェンペルクは書いている。そして、「その表情がゆがんだ。あたりを見回して自分の居場所を確かめているようだった。緊張が解けたのか、ようやくアベベの顔は笑った。しかし、それもつかの間、笑い声は再びかき消えた。笑い声は嗚咽に変わり、やがて涙が頬を伝わって流れていった」

このあと胴上げされてアベベの顔は喜びで輝く。記録は二時間十五分十六秒二。一九五二年のヘルシンキ大会でエミール・ザトペックが出した記録を八分うわまわるものだった。

アベベから二十一秒遅れてラジもゴールインした。アベベはその背中を叩いて入賞を祝った。試合後、ラジは金メダルを逃した理由について次のような説明をしている。ランゼンフィッシャーも記事のなかで引用しているが、ラジの話については疑ってかかる者も少なくない。だが、ランゼンフィッシャーも信憑性を疑っていれば、この発言は引用していないだろう。

ラジは、「自分が間抜けなせいだった」と語った。ゴールに向かって進んでいたとき、とある場所でロープが張られているのが目に留まった。「クロスカントリーだと、ゴールはちょうどこんなふうにロープが張られている」

レースは終わったものと思い込んでしまった。ロープのあいだを通り抜け、そこで走るのをやめた。だが、アベベは走り続けた。本当のゴールはまだ数百メートル先だった。人混みにいたフランス人がこっちにきて叫んでいる。まだ終わっていない、走り続けろ。（略）もう一度走り出したが、レースはもうアベベのものだった。

レース終了後、ラジが遅れ始めたときどんな気持ちがしたかとニスカネンはアベベに尋ねている。アベベはこう答えた。

　敷石を走る足音がだんだん聞こえなくなったのは、街壁のなかに入ってペースをあげ始めたころだった。さらにペースをあげてみたが、足音はまったくしない。振り返って確かめなかったのは、あの足音を一時間も聞いていればどうして聞こえなくなったかは誰にだってすぐにピンとくる。うれしかった。ラストスパートに怖じ気づいたからではなく、あのしつこいモロッコ人をなんとかできてうれしかった。

　レース後、アベベはただちに医師の診察を受けたが、結果は「すばらしい《ファンタスティーコ》！」のひと言だった。脈拍は八八、目にも異常は認められない。疲労した様子もうかがえず、素足にも損傷はなかった。まだ一〇キロか一五キロは同じペースで走ることができるとアベベはニスカネンに答えた。

　トラックスーツに着替えたアベベは誇らしげに金メダルを受け取ると、観衆に向かって手を振った。アベベの横にラジと銅メダルのマギーが並ぶ。うしろではコンスタンティヌスの凱旋門と国旗掲揚台が投光器の光を浴びて輝いていた。メダルの授受が終わると国旗の掲揚。中央で高々と掲げられたのはエチオピアの国旗だった。

　レキップ紙のロベール・パリアントは組織委員会の誘いで、マラソンを撮影するヘリコプターに同乗していた。「前を進むラジの姿が見えた。そして、裸足で走る黒人がいた。誰も知らない選手だ。リストを調べるとアベベ・ビキラとある。どちらが名字か名前なのか見当もつかなかった」。鬼塚喜八郎は当時、鬼塚株式会社という小さなスポーツ用品会社を経営していた。会社はのちアシックスという一大企業に成長するが、アベベの勝利は鬼塚にとっても鮮烈だった。シューズメーカーという仕事柄、競技者を見るときには顔は二の次、なにより足が気になるのは条件反射である。「本当に驚きました。裸足のランナーが世界記録を打ち破るのを目の当たりにして、しかもその選手のことは自分もそうだったが、誰もまったく知らない。『ゼッケンは何番だ。何番なんだ』。まわりじゅうで騒いでいました」

アフリカに吹いた風

目の前で起こったのはただ圧倒されるしかない現実だったとパリアントは言う。パリアントの話では、陸上という競技に〝自然発生〟はありえない。選手は努力を重ねて力を伸ばし、競技を通して実力を高めていく。そして、頂点を極めるころ、当の選手はすでに世に知れ渡った存在になっている。つまり、陸上で生まれる新世代の選手とは〝育てられた〟ものなのである。

アベベの特異さが際立つのはその点だ。「アベベは自然発生によって誕生したランナーだった。誰もその名前を耳にしたことはなく、本人もエチオピアの外で走ったことはなかった」[2]。パリアントにとって、この驚きに続き、〝アフリカの発見〟がアベベやローマ大会に関する〝衝撃の事実〟となった。

エチオピアをはじめ、アフリカ中の国という国がアベベの勝利を祝っていた。アベべこそオリンピックではじめての金メダルを獲得したアフリカの黒人選手だった。つかの間、アベベの勝利が新時代のアフリカ精神、すなわち時代精神《ツァイトガイスト》として人々の心を酔わせ、〝変革の風〟がこの大陸を席巻する。一九五七年にはガーナが独立を遂げ、ブラックアフリカの国という国で独立の機運が熟していき、やがて来たる新たな未来は栄光で輝いていた。そのシンボルがアベベだった。

たしかにアフリカは貧しい。レースでは裸足で走るしかなかった。それは動かしようのない事実だが、オリンピックでは金メダルだ。アベベはエチオピアにとってカンフル剤になったばかりか、輝く未来を信じる大陸の新世代に対しても強烈な刺激となった。ただし、独立してまもない旧ベルギー領コンゴにはすでに不吉な暗雲が立ちこめていたのも事実である。

アベベ本人がこうした現実をどれだけ理解していたのかはなはだ疑問だが、アベベの勝利の意義を理解していた人物がひとりだけいた。イドネカチュ・テセマである。レースの模様はラジオで聞いていたので、試合の進行とともに、アベベがトップに躍り出たことはすでに知っていた。

ラジオを聴きながら、私たちは陶酔と震えに満たされていた。（略）まもなく、燃えさかるたいまつを左右からかざされてアベベが姿を現した。われわれはジャケットをつかみ、エチオピアのマークをこれ見よがしにして着込むと、フィールドに飛び出して、ゴールインした英雄を迎えた。かつて経験したこともないような興奮にかられ、私はアベベにむしゃぶりついてその身体を抱きすくめた。このときアベベが耳元で忘れることのできない言葉を囁いた。「願いをかなえることはできたでしょうか」

エチオピアの勝利でまもなくローマの町中がお祭り気分になった。選手村の一隅、二、三日前まではまったく誰の注意も引かなかった場所が、いまは報道陣とテレビカメラで埋め尽くされていた。アベベ・ワギラは七位だった。その日はちょうど自分の三十九歳の誕生日だったので、私はこの偶然をいっしょに祝うことができた。

この優勝はエチオピアだけの勝利ではなかった。それはアフリカにとっても歴史に残る一日だった。オリンピックではじめてアフリカ大陸の人間が金メダルを手にしたのである。その日、幸福な思いで気持ちを高ぶらせていた私は、アベベの勝利こそエチオピアのスポーツ史における新しい一章の幕開けになると考えていた。

今日でこそ、アフリカ人が運動能力に秀でている事実は当然と受け止められているが、当時は未知数に等しかった。一九三六年のベルリン大会におけるジェシー・オーエンスのように、チャンピオンになった黒人選手はたしかにいた。だが、そのほとんどはアメリカ系の黒人である。アフリカの選手で金メダルが話題になるとき、南アフリカの白人、北アフリカのアラブ人選手を意味していた時代が長く続いた。ごく初期のオリンピックにアフリカ系の黒人が参加することは本当に希有なことだったが、とはいえ皆無だったわけではない。

一九〇四年開催の第三回の近代オリンピック、セントルイス大会では、南アフリカのツワナ族からレン・タウとヤン・マシアニという二人の黒人がマラソンに参加して、それぞれ九位と一二位の成績を収めた。この二人こそオリンピック初のアフリカ黒人選手にほかならないが、レースへの参加はかなり場当たり的なものだった。というのも二人がセントルイスを訪れたのはオリンピックと併催されていた万国博覧会のほうが目的で、博覧会にはボーア戦争の再現劇を上演するため何百人もの南アフリカの黒人が訪れていた。

アベベの金メダルは、それほど革新的な意味を帯びていたのである。この事実を踏まえていなければ、アベベがもたらした金メダルの衝撃を心から理解することはできないだろう。

エチオピアに限って言えば、とりわけ古い世代ほどアベベの勝利には胸のすくような思いを抱いたと、のちに親衛隊の体育局長になったベケレ・ゲザウ大佐は言う。それはローマ大会のマラソンがヴェネツィア広場を通り抜け、そこから目と鼻の先に位置する、とある場所をゴールとしていたからである。あの事件はそこから始まった。二五年前、ムッソリーニはヴェネツィア宮殿のバルコニーからエチオピア侵攻を宣言した。そして、ほかならぬエチオピア皇帝ハイレ・セラシエの護衛兵がその勝利をもたらしたという事実が喜びを倍にしていた。

興味を引かれるのは、すべてのエチオピア国民がこうした思いを共有していたわけではないという事実である。現在、ローザンヌの国際オリンピック委員会で上級職員として働くフェクロウ・キダネは、イドネカチュ・テセマの右腕としてエチオピアオリンピック委員会の事務局長を何年にもわたって務めてきた。

キダネの話では、アクスムのオベリスクが意味することについて、ごく一部のインテリ層は聞き及んでいたとしても、エチオピアの国民の大半はその理由を理解してはいなかった。ローマ大会の勝利も、それをエチオピアの復讐の物語として紡ぎ出したのは西洋のジャーナリストだった。「エチオピアの人間は誰もそんなことを口にはしていません。イタリア国民は本当に善良な人ばかりで、戦後も多くの人がエチオピアにとどまっていました。憎んでなどいないし、まして復讐など、そんな気持ちはまったくありません」。そして、少なくとも当時のエチオピアで一番の人気スポーツといえば、他のアフリカ諸国同様、なんといってもサッカーだったとフェクロウは言い添える。

おもしろいことに、こうしたフェクロウの指摘は多くのイタリア人の思いにも相通じる。自国で開催されたオリンピックで、裸足のエチオピア人が金メダルを獲得したことを誰よりも喜んだのが実はイタリア人にほかならなかった。プリモ・ネビオロはイタリアスポーツ界の育ての親であり、また一九九九年に亡くなるまで国際陸上競技連盟（ＩＡＡＦ）の会長として豪腕を振るった。毀誉褒貶の激しい人物だが、ネビオロは当時の様子をこう思い返した。

本当にうれしかった。戦争という事件はあったものの、エチオピアとイタリアは長い歴史の絆で結ばれている。この国はイタリア人が愛してやまない国なのだ。実際、エチオピアや（旧イタリア植民地の）ソマリア、エリトリア、リビアの選手たちが勝ちでもしようものなら、私たちも飛び上がって喜んだ。それほどこうした国には親近感を抱いていた。（略）われわれには相通じるようなものがあるのを感じる。

ネビオロはアベベ優勝の現場に立ち会い、誰もがアベベの正体に無知だったことを覚えていた。「当時、アフリカの選手はあまり強くはなかった。それだけに優勝したときの驚きは大きく、私たちも心底から喜んだ。アベベも実にいい青年だった。優しくて親切で、めったにお目にかかれない選手のひとりだ」

今日、その名前を告げ、さらに「裸足のマラソンランナー」とほのめかしても、いったいどれだけの人がアベベのことを覚えているだろう。どんなことでもいい。記憶している人がいれば、むしろその事実のほうこそ驚きかもしれない。

しかし、イタリアでは事情は異なる。アベベの名前はいまも色あせてはいない。業績や人となりだけではなく、その後についても実に多くの人々がアベベのことを記憶にとどめている。特に五十代のイタリア人にとっては、アベベの名前は別の意味でも際立っていた。この年配の人たちにとって、アベベはローマ大会のマラソンの勝利者であると同時に、生まれてはじめて耳にしたアフリカ人の名前でもあった。

マラソンの歴史と記録を研究するオッターヴィオ・カステッリーニは、十五歳のときにテレビの中継でアベベの優勝を見て、マラソンに対して人生を一変させるような興味を抱くようになった。カステッリーニの意見では、アベベやマモ・ウォルデがマラソンに対する世間の目を開くまで、マラソンという競技は、トラックとフィールドといった華麗なる陸上競技一族の、はなはだ貧相な親戚にすぎなかった。

この大会を境に、カステッリーニは並はずれた熱意でマラソン研究にのめり込むが、そういう自分にとってローマ大会のアベベの優勝ほど衝撃的な瞬間はなかったとカステッリーニは言う。夜の闇に包まれ、古代ローマの荘厳を帯び、無名の黒人選手が裸足で疾走する姿はまさに〝神秘〟としか言葉にしようがなかった。一九六四年の東京オリンピックでも優勝を勝ち取り、アベベは世界が称賛するスポーツ界の大スターになる。だが、ローマ大会で見せた神がかりのようなあの一瞬は、その後二度と繰り返されることはなかった。

いまもなおアベベはローマの人々の思い出のなかに生き続けている。だが、ローマ大会の華をアベベが独占するのは公平でもないし正確でもない。アベベは、大会で生まれた三人のスターのひとりなのである。残る二人とは、二〇〇メートルで世界記録を打ち立てたイタリアの短距離ランナー、リビオ・ベルッティ、そしてアメリカの女性アスリート、ウィルマ・ルドルフである。

ウィルマ・ルドルフは別名〝黒いガゼル〟と呼ばれた。男だったらひと目で恋してしまう美しい二十歳の黒人選手で、一〇〇メートル、二〇〇メートル、四×一〇〇メートルリレーの三種目で金メダルを獲得した。ルドルフは、奇妙なことにアベベとは合わせ鏡のような生い立ちで、悲劇を転じて勝利をつかんだ選手だった。四歳から十一歳まではポリオが原因でルドルフは小児麻痺を患っていた。

前出のIAAF役員、ジャコモ・マッツォッキにとってローマ大会、とりわけアベベの優勝は、「奇跡のような夢物語を目の当たりにした思いでした。私たちにとって、ベルッティとはヨーロッパを代表する選手、ウィルマ・ルドルフはアメリカン・ドリームを体現した選手でした」。マッツォッキは言葉を続ける。「私たちがいつも心を寄せるのは貧しき者、弱き者なのです。アベベは私たちの心にそういう者として映りました。そして、アベベは英雄になったのです」

＊原註

2　これについては事実誤認。一九五八年、アベベはニスカネンとともにスウェーデンに滞在したことは前述した。

第5章　王者たちの帰還

凱旋の町

オリンピックから二カ月のあいだに起こった一連の出来事は、ローマ大会の二時間に劣らず波乱の連続だった。アベベは世界を制覇した王者としてエチオピアに帰国したが、戻ってきたその国は、混沌と戦争そして恐怖へと続く、長く苦しい坂道をいままさに転げ落ちようとしていた。もっとも、アベベの生涯はこうした苦難に直面することだけはかろうじて免れた。

オリンピック代表団を乗せた飛行機はエチオピア到着を前にして、スーダンの首都ハルツームに降り立っている。ここでちょっとした事件が起きたが、事件の真相をアベベが理解していたかどうかはともかく、少なくともこの時点では想像もつかなかったことだけは間違いあるまい。アベベ優勝の結果を受け、親衛隊の司令官たちがハルツームに親衛隊の軍服を送りつけていたのである。軍服を飛行機に乗せることができれば、アベベは機内でこれに着替えてタラップから現れる。ひとたびアジス・アベバに到着してしまえば、アベベはそのまま軍服姿で過ごさなくてはならない。そういうもくろみだった。

しかし、誰が加わったのかは不明だが、軍服着用を巡っては激しい論争が起こり、アベベは軍服ではなく、出発前に支給されたスーツを着て飛行機から降り立つことが最終的に決定する。スーツにはエチオピアの国旗が刺繍されていた。ベケレ・ゲザウ大佐の話では、アベベが軍服を拒んだのは、「国ではなく、親衛隊のシンボルになってしまう」と考えたからではないかと言う。軍服着用に秘められた本当の意味は、これから数週間後に明らかになる。

アベベ帰国というその日、空港には出迎えのために数千もの人たちが早朝から押しかけ、滑走路には親衛隊をはじめ、警察、陸軍の音楽隊が陣取っていた。飛行機が着陸態勢に入ると、群衆から大きな歓声があがった。ほとんどは報道にあおられて集まってきていた人ばかりだった。エチオピア人でも教育を受けた人々のあいだでは、アベベが国の面目を施す大勝利を得たことはすでに知られていたが、国民のほとんどはいったいなんの騒ぎなのか当初はまったく見当がつかなかった。

スポーツに興味があっても、それはもっぱらサッカーに向けられていたが、その事実を別にしても、多くの人々にはなぜこれほど大騒ぎになるのかが理解できなかった。いくら騒いでもエチオピアの田舎に住んでいれば、牛を追いながら長い道のりを走るのは毎日のことである。一番足の速い白人をアベベが国の威信をかけて打ち負かしたと説明されて、ようやくこの国の人たちも勝利の意味を納得できた。

飛行機が着陸すると、機体に向かって群衆の一部が動いた。娘のツァガエの話では、アベベが飛行機を降り立つ前に、なんとか機内に潜り込んだ記者がいた。話が本当なら、記者のぶしつけな質問にアベベはこんなぎこちない答えを返している。

「走れば誰だって疲れるものです。レースの途中、疲れはしませんでしたか。そんなときはどうやって気持ちを紛らわせてがまんしていましたか」。父はこう答えた。「それをがまんするのが親衛隊員の義務なのです。親衛隊員であるからがまんもでき、慰めにもなります」。それから記者は窓の外を指してこう尋ねた。「帰国の途中、これだけの人が出迎えに集まることは想像できましたか」。この質問に父は「これほどまでとは考えてもいませんでしたが、国の人たちは私の帰りを心待ちにしていたと思います」

金メダルを首からさげ、ようやくアベベが飛行機から現れた。滑走路に設けられた特別席で、アジス・アベバの市長、スポーツ連盟の会長たちが花輪をかざしてアベベの首にかけていく。そのなかには親衛隊司令官のメンギスツ・ネウェイ准将の姿もあった。この日空港に出迎えた面々には、陸軍参謀総長、スポーツ界の重鎮、アメリカ大使などがいた。アベベの母親ウディナシと妻ヨーブダルも来ており、アベベの両頬を二人でキスして花束を渡した。アベベが感謝の挨拶を終えると、凱旋の行進が市内に向かって始まった。ツァガエはこう記している。

市内への行進のために用意された車に乗ると、父はあらためてヨーブダルと母ウディナシの顔をまじまじと見た。祖母はかつて父が走ることに反対していた。こうした晴れの舞台ではじめて人の目にさらされ、祖母の目に当惑の色が浮かんでいるのを父は認めた。

沿道には何万もの人々が並び、歓声をあげてこのときのために用意した歌を歌い続けていた。参列した者はいまでもみな当時の様子を覚えている。行進の先頭では、軍用車の前部に壇が渡され、鎖につながれた二歳のライオンが乗せられていた。マクリアという名前のこのライオンは、エチオピアのシンボルのみならず、親衛隊の生きる紋章でもあった。

トラックに設けられた小さな舞台のうえからアベベは群衆に手を振っていた。舞台の両脇には五輪のマークをかたどった鉄製の格子が飾られている。チャンピオンに向かって紙吹雪が舞い、花びらが降り注ぐ。あまりの人の多さにパレードは前へと進めず、かたわらを羊飼いの横笛を吹きながらついてくる者もいた。

宮殿の緑の間でアベベは皇帝と皇后に謁見した。ハイレ・セラシエがエチオピアの星勲章をアベベの胸に飾る。このとき向かい合った二人の写真が残されている。勲章を胸にさげたアベベは皇帝の前でかしこまり、アベベよりも頭ひとつ低い皇帝は、アベベに顔を向けているとはいえ、疲労をにじませてどこか気もそぞろだ。

「両名に礼を述べる。エチオピア全国民の名において、二人ともに実に見事な勝利を収めた」。皇帝がそう言ったのをアベベ・ワギラは覚えていた。ワギラには封筒に包まれた一五〇ブルの現金、当時のドル換算で七五ドルが手渡された。「アベベにも封筒が渡されていたが、いくら入っていたのかはわからない」とワギラは言う。アベベは兵長に昇格した。皇帝はこのとき次のような演説をしたとツァガエは書いている。

わが治世で試みたスポーツ振興の結実を本日、こうして目にできたのは誠に喜びにたえない。とりわけ壮健な身体と忍耐が求められるこの競技において、世界有数の勝者がエチオピアから誕生したという事実は、わが国の国際的な名声をますます高めるものである。汝らという先駆者の貢献を得て、その足跡を継ぐ未来の者たちの扉はいま開かれようとしている。

演説の最後の部分については、少なくとも皇帝が想像する以上の成果を遂げることがいずれ明らかになるが、宮殿をあとにした一行をボイス・オブ・エチオピア紙は、「再び長い車列に先導され、沿道の何千人もの声援を受けながら、オリンピックの英雄は新しい住まいに向かった。このあと偉業を祝って親衛隊による昼食会が催された」と報じる。

昼食会には一〇〇〇名以上が訪れ、親衛隊の全指揮官が顔をそろえたが、費用は指揮官たちが払っている。席上、アベベには親衛隊所有の白いフォルクスワーゲン・ビートルが運転手つきで貸与された。このころのアベベは車の運転がまだできなかったので運転手が必要だった。国中から訪問を求められていたアベベには、車の貸与は願ってもない贈り物だった。また、一家は住まいを親衛隊の官舎に移している。これが新聞に書かれていた新居で、それまでの慎ましい家に比べればはるかに住み心地はよさそうだった。

「金銭がやりとりされていたという噂や家賃免除については、西洋流アマチュアリズムの牙城を死守しようとする者たちの眉をひそめさせるには十分だった」と、こうした授受についてフィル・ピレイはワールド・スポーツ誌に書いたが、この時代、スポーツマンは愛するがゆえに競技を行うのであって、対価を金銭に求めてはならないとされていたことは理解しておく必要があるだろう。

クーデター勃発

帰国から数週間はパーティーや歓迎会で多忙な毎日が続いた。エチオピアン・ヘラルド紙によると、ようやくパーティーを終えたアベベが「家に送ってもらうと、帰り着いた家は花や旗で賑やかに飾り立てられ、心酔者や熱心なファンたちでひしめいていた。それから昼食会が再び催された。（略）このときの一番の出し物は、アベベやほかの選手、それに近親者や出席者に捧げる親衛隊劇団による歌と踊りだった」

同じ九月十七日付の同紙の一面には、その日の晩に開かれるエチオピア愛国協会による「ビュッフェ式のダンスパーティー」の告知記事が出ていた。このパーティーでアベベには、金時計のほか、スポーツ協会を代表して〝大型壁掛け時計〟が進呈され、ワギラには〝卓上時計〟が贈られた。四〇年後、フィシェにあるワギラの自宅にはこのときの卓上時計が残されていたが、時計の針はすでに動きをとめていた。

フィル・ピレイは記事のなかで、十一月二日のハイレ・セラシエ皇帝の在位三十周年記念についても触れ、「軍人兼業の競技者は幸せの絶頂にいる」と書いた。事実、金メダルに勝る祝いごとがアベベを待っていた。オリンピックのあいだ身ごもっていたヨーブダルだったが、二人にはじめての子供が誕生したのだ。生まれた子供は男の子でゲレモと名付けられた。すぐにはわからなかったようだが、ゲレモは病気を抱えて生まれた子供で、身体に障害を残す可能性があった。

アベベの友人、ハイル・アベベは、ゲレモのことでアベベは「とても悲しんでいた」ことを覚えている。息子にできることはなんでもしてやろうと、アベベはゲレモを連れ「清めの聖水を求めて国中を訪ね回ったり、親衛隊病院に連れて行ったりしていた」

祝賀に追われ続けるアベベに、メンギスツ・ネウェイ准将も部隊から金メダリストが誕生したことを祝っていた。だが一方で親衛隊准将の企みが徐々に明らかになっていく。准将は弟のゲルマネやその仲間数人とクーデターを計画して皇帝の失脚を企てていたのだ。

ポーランドの著名ジャーナリスト、リシャルト・カプシチンスキーは、エチオピア皇帝の失墜を描いた名著『エンペラー』（邦訳『皇帝ハイレ・セラシエ』）のなかでメンギスツ准将をこう紹介している。「その性格は大胆不敵、容貌はまれにみる美男だった」。准将の黒幕としてクーデターを画策したと言われるゲルマネは、頭脳明晰なひとかどの人物で、アメリカに留学して博士号はコロンビア大学で取得、帰国後は官僚として働いていた。

皇帝の伝記『ミッション』を書いたハンス・ヴィルヘルム・ロコットは当時エチオ

ピアで勤務しており、ゲルマネについては、公民に対する責任感に富み、社会的弱者への共感にあふれた人物だと評価する。だが、ゲルマネの現体制を疑問視する考え方にやがて当局も手を焼きはじめ、都落ちしたゲルマネは地方の行政官に追いやられていた。

エチオピア育ちのギリシア人ミカエル・レンタキスは、アベベとニスカネンの出会いを伝える人物だが、彼のゲルマネ評はロコットのように好意的なものではない。レンタキスに言わせるとゲルマネとは、「ヨーロッパと名のつくものはすべて憎悪する、狂信的な共産主義」ということになる。クーデターにはこのほか、王宮警察の長官、保安庁長官、皇帝の側近が加担していた。つまり、陸軍上層部を除き、皇帝がもっとも信頼を寄せていた廷臣や高官がこぞって関係していたという信じがたい計画だった。

クーデター決行は十二月十三日から翌十四日深夜にかけて予定されていた。皇帝が公式訪問のためブラジルに向かった翌日のことで、エチオピアを発つ直前、皇帝はメンギスツに向かい、「留守中、国のことは頼む」という言葉を残していた。

ワミ・ビラツは十二月十四日の朝、ホッケーに興じていた最中にクーデターの第一報を受ける。兵士や士官にはただちに軍装が命じられたが、いったいなにが起きているのかワミにははっきりとわからなかった。士官の多くは家で待機しており、アベベも自宅に控えていた。アベベならなにか知っているのではないかと考えたワミは、その日は親衛隊司令部から離れることを決めている。ただ、アベベがなにか知っているという点については誰もがはっきりと否定する。事件にかかわることができるほどアベベは偉くもなく、事のなりゆきがアベベに見通せることなど、どう考えてもありえる話ではなかった。

王族や忠臣たちが宮殿に軟禁される一方、父ハイレ・セラシエと関係が冷えていた皇太子アスファ・ウォセンは、ラジオを通じて親衛隊が政権を奪取したことを宣言していた。クーデター鎮圧後、皇太子は、宣言は銃口を突き付けられてしかたなく行ったと弁明しており、その言い分は現在でもエチオピアで広く信じられている。皇太子が発した宣言とはこうだった。

エチオピア国民はこれまで、貧困が改められ、この国の後進性が正される日を待ち続けていた。だが、数え切れないほどの公約がなされたにもかかわらず、約束はなにひとつ遂行されることはなかった。これ以上の苦しみに耐えられる国民はどこの国にもいないだろう。

レンタキスも声明を聞いていた。市内では商店が扉を閉め、役人は家に戻り、代わりに兵士たちが通りに姿を現していた。レンタキスがトリアノンという酒場に行くと、すでに大勢のギリシア人やエチオピア人が集まっており、一〇分ごとに繰り返される皇太子が〝震える声〟で読み上げる声明文を聞いていた。これほど居留民がおびえているというのに、まだ脅し足りないとでもいうように次のような声明が続く。エチオピア国民は封建主義的貴族階級に搾取されてきたばかりか、ギリシア人やアルメニア人、アラブ人からも搾り取られてきた。こうした悪習には〝終止符が打たれなくてはならない〟。多くの外国人がその声明に震え上がった。

引き続きラジオからは『ライズ・アップ』という曲が流れ、続いてもう一曲別の曲が始まった。親衛隊の軍楽でヒットした『アイ・キャント』という曲だった。もともと人気のラブソングだったが、「歌詞には裏の意味があり、『もう我慢できない。このままじゃいけない』という意味が込められていた」とレンタキスの自伝には書かれている。

皇帝は、ロンドンのエチオピア大使からの急報で事の次第を知った。ハイレ・セラシエは帰国を急いだ。チャド共和国に飛行機が到着するころ、エンジンの一基が問題を起こしていたが、修理で時間をつぶす気など毛頭ないという皇帝の命令で、そのまま乗り換えの飛行機が待つスーダンのハルツームに向かって離陸した。「そなたたちが気にしているのはどちらの命か。予の命か、自分たちの命か」。皇帝は乗務員と側近の役人たちにそう言った。

飛行機がエリトリアのアスマラに到着すると、皇帝はいつもと変わらない豪華な儀式で出迎えを受けると、長官や大臣を交えて緊急会議が始まる。会議に集まった面々を見て、いまさらながら、いかに多くの腹心たちが自分に反旗を翻したのかを皇帝は痛感していた。

クーデターとはいえ、勃発直後はアジス・アベバの町ではいつもと変わらない毎日が営まれていた。繰り返し流されたラジオの声明にもかかわらず、クーデターが起きたことに気づいていない人間が少なからずいたからである。ラジオはまだ贅沢品だった。しかし、それでもクーデターが失敗に終わるのは、親衛隊が陸軍の協力を取りつけることができなかったからであり、反乱軍の編成もまとまりに欠いていた。

クーデターから三日目、まだ帰国していない皇帝に忠誠を誓った陸軍の連隊が首都郊外に進軍を開始する。メンギスツ准将は学生に協力を要請するため大学に向かった。リシャルト・カプシチンスキーはこのときの集会を次のように記す。

准将は干からびたパンをかざした。「これは今日、われわれが特権階級の人間に食べさせたパンだ。パンを盗られたわれわれがなにを食べて命をつないでいるのか、連中はもちろん知っている。学生は革命軍に参加しなくてはならない」。市内では銃撃戦が始まろうとしていた。首都制圧戦の始まりである。何百という命が路上で果てようとしていた。

このとき、陸軍を動員して反乱軍の鎮圧を指揮していた司令官がメリド・マンゲシャ中将だった。中将はその影響力で皇帝を動かし、ニスカネンがローマの代表団に加われるように尽力してくれた。

市街でも戦闘が始まり、宮殿でも爆弾が炸裂した。宮殿にいた親衛隊が鎮圧されたとき、皇帝の側近の多く（その数はいまだ不明）が緑の間で虐殺された。この大広間でローマ帰りのアベベは皇帝に謁見をした。陸軍と親衛隊の軍服が似ていたこともあって多くの兵士が同士討ちになり、市内でもあちらこちらで凄惨な風景が繰り広げられていた。

「何百という死体が町に転がり、埋葬もされないまま朽ちていった。何千というハゲワシには願ってもない毎日だった」とレンタキスは記す。エントット山の丘からはおびただしい数のハイエナがわき出して、〝背筋も凍る晩餐会〟を始めていた。親衛隊はエントット山の丘のほうへ後退しようとしていたが、ここはニスカネンが愛弟子たちと定期的に練習を行っていた場所である。ここでも殺戮が繰り広げられた。

皇帝が国にたどり着いたのは銃撃戦が沈静し始めたころだった。わずか二カ月のあいだに二度続いた王者の帰還だが、二度目のそれは一度目のアベベのときと比べ、あまりにも違いを際立たせた王者の帰還だった。飛行場で皇帝は、総主教、陸軍司令官、大臣たちの出迎えを受けた。『ミッション』のなかでロコットはその様子を次のように記述する。

皇太子もその場にいたが、肩に石がひとつのせられていた。エチオピアで恭順の意を表す伝統的な仕草である。そして、父帝の前で平伏した。だが、皇帝は立ち上がるように命じ、服従の姿に取り合おうとはしなかった。胸に銃を突き付けられ、やむをえず反乱軍の命令に従ったと皇太子は答えた。しかし、皇帝を取りなせる者など誰もいない。「そなたは死にどころを誤ったな。王たる者の死にざまを学んでこなかったのか」。皇帝はそう言葉を返したと世間では語られた。

宮殿に向かう皇帝の行進が始まった。劇的な風景だった。ロコットが記憶するように、直前までアジス・アベバの町は弔いの声で満たされていた。

日没とともに、突然、物音がやんだ。はるか向こうの空港のほうから奇妙な音が聞こえてきた。はじめはかすかだったが、しだいにはっきりと耳に届いてくる。音はやがて大勢の人間が発する叫び声に変わった。押し寄せてきた声は歓声となって町を覆い尽くす。小屋という小屋、家という家、四方八方いたるところから泣き声と叫び声がわき起こっていた。男たちがあげる声は意味をなさないどよめきとなり、そのどよめきに女たちが震わす甲高い声が混じる。この声は昔からエチオピアに伝わる歓喜の叫喚である。人々が家から飛び出てきた。富裕な家の主人たちは召使いを伴っている。空港からの道筋を埋め尽くした人々は、目の前を過ぎていく皇帝につぎつぎと歓声をあげていた。だが、オープンカーの皇帝は固い表情のままぴくりともしない。地面に身を投じて感謝の祈りを捧げている者もいたが、特殊車両に警護された車列はその前を猛スピードで過ぎていった。

メンギスツ准将とゲルマネは逃亡したが、結局、賞金目当ての農民に捕らえられてしまう。その最期には諸説あり、ひとつは、自決を決意した准将はさきに弟を射殺、だが自死には失敗して目にけがを負う。逮捕後、裁判にかけられたが判決は死刑。一九六一年三月十三日の早朝、アジス・アベバの中央広場で絞首刑に処せられた。縄にかかった圧力で准将の眼球は飛び出していたという。

落日の帝国

ところで、この騒乱のあいだアベベはなにをしていたのだろう。それに答えた公式の見解が次の記事である。一九六〇年十二月二十三日付のエチオピアン・ヘラルド紙に掲載されたものだが、誤報と断定する根拠はない。そして、アベベがその生涯で政治についてどのような考えを抱いていたのか、それをうかがわせるようなことも書かれてはいない。

「マラソンのアベベ、安否を確認」

昨日、マラソン選手で親衛隊所属のアベベ・ビキラ兵長からエチオピアスポーツ連盟本部に電話があり、先週勃発した重大事件から自分は無事避難することができたと連絡が寄せられた。兵長の健康状態は申し分なく、むしろ体重は増えたぐらいだ。負傷したという噂が早い時期に流れたため、海外のラジオ放送も兵長の安否については繰り返し推測を報じていたが、親衛隊所属のため戦闘中の死亡説や負傷説が囁かれていた。

エチオピアサッカー連盟事務局長アト・イドネカチュ・テセマ[3]の事務所で昨日行われた本人とのインタビューによると、事件中、兵長は戦闘に参加しておらず、クーデター未遂事件の当日朝、司令部から勤務の必要がない旨を伝えられた。そこで家に戻り、交戦中は家族といっしょに過ごしていた。

事件の実態や目的については、「三日目の金曜日遅く」になってはじめて知ることができた。「先週の土曜日、第一警察分署に出頭して、自分の所属は親衛隊のスポーツ部門であり、今回の戦闘には参加していない」と誓った。警察署長から通行証をもらい徒歩で帰宅する途中、政府軍に逮捕・連行されて、ジャン・ホイ・メダの元第三連隊司令部に拘留される。しかし、ジャガマ・ケロ大佐によってただちに解放され、新しい通行証を発行してもらった。兵長は現在、日に二回スポーツ連盟の本部に顔を出している。

アベベの友人で一万メートル走のハイル・アベベも親衛隊に所属していた。ハイルの話によると、アベベの短い拘留も含めて、一連の出来事はとどのつまりこういうことになる。「大事件でしたよ。本当に驚きました。でも、なにがなんだかまったく見当もつきませんでした」

ワミ・ビラツは、三八名の部下とともにクーデター軍にいた。配備命令が下され、陸軍との交戦命令も受けていた。ワミの話では、陸軍と遭遇することがなかったため実際に戦うことはなかったが、事件後は親衛隊の数多くの兵士同様、ワミも拘留を免れることはできなかった。そして、ワミがいまもなお明らかに恨みを抱く事件をアベベはこの拘留中に起こしていた。

収容所にやってきたアベベは自分の影響力を使い、友人であるティラフン・ゲッセセの釈放を手配していた。ティラフン・ゲッセセも親衛隊の兵士で、エチオピアでは歌手としても有名な存在だった。だが、同じ救いの手をアベベがワミに対して差し伸べることはなかった。「怒って当然でしょう」とワミは言う。その後、ワミの父親のもとに息子は死亡したという連絡が入り、父親はアベベを訪れて助けを求めたが、このときアベベは知らないと答えた。アベベがワミのことをなにも知らなかったのは明らかだが、ワミの拘留は二八日間続いた。

クーデター鎮圧後、生き残った親衛隊の兵士の多くは除隊か転籍を余儀なくされた。しかし、ワミによると〝スポーツ競技者は原隊のままとする〟という措置が講じられている。アベベという存在が、失うにはあまりにも貴重なスター選手であることは、以前にも増してはっきりしていた。「アベベは金メダルで命拾いをした」。ある新聞は大胆にもこんな記事を書いていた。

イドネカチュ・テセマの息子タデル・イドネカチュは、アジス・アベバで建設会社を営む、都会育ちの教養に富む人物だが、タデルによると、アベベがクーデターについてなにも知らなかったという話に間違いはないと言う。父親は〝アベベが万一、軽はずみな発言をした場合〟に備えてその〝保護〟のために動いていた。

娘のツァガエの本では、アベベがすぐに解放されなかった点ではほかの証言と一致しているが、それ以外の点で微妙に食い違う部分を含んでいる。クーデターは、父親がクリスマスに予定されている競技会に向けてジャン・ホイ・メダの〝競技場〟で練習をしていたときに発生し、その後、アベベは二四時間ここで拘留されたというのだ。

　緊張が高まったこの時期、ニスカネンとアベベが連絡をとりあっていたかどうかは不明だ。しかし、アシスタントひとりを連れたニスカネンが、負傷者を自前の救急車で搬送して、多くの人命を救っていたというのは事実だった。当時、エチオピア警察に勤務していたスウェーデン人のクルト・エリク・ダールボーンは、このときのニスカネンの奮闘ぶりをよく覚えていた。赤十字の救急箱を抱え、町中を歩き回って「ニスカネンはけが人の救助に当たっていた」。こんなことをやっているヨーロッパ人はニスカネンただひとりだった。[4]

　ニスカネンについては次のような噂も伝わっている。政府、反政府の両陣営にパイプのあったニスカネンは、アメリカ大使とともに双方の調停に乗り出したというのだ。企ては日の目を見ることはなかったが、主役はもちろんアメリカ大使で、おそらくニスカネンは助力を買って出たのだろう。

　歴史を振り返れば、エチオピアで起きた一週間の騒動は、皇帝ハイレ・セラシエの権勢が衰退に向かい、形骸化した旧制度にも崩壊が兆し始めたことを告げる事件だったと考えることはできる。しかし、この国が実際にその最期を迎えたのはさらに一四年後のことだった。そして、その一四年という年月は、アベベに残された人生の時間とほぼ重なる。アベベの人生の最期もまた悲劇に彩られていた。

だが、その間にも皇帝の権威は崩壊を続けた。あるいは権威などすでに粉々に崩れ去っていたと言うべきかもしれないが、それでも多くのヨーロッパ人が唯一記憶にとどめていたのはムッソリーニと対峙する皇帝の姿だった。それだけに、帝国にとってアベベの存在はかけがえのない財産だった。混迷に向かって緩やかに傾斜していくこの国にとって、アベベが示した勇気は、国威を支える柱として利用できた。歴史学者のバル・ゼウデはのちに次のような一節を書き記してた。

反政府軍がともした変革のたいまつは、反乱を物理的に排除しても消し去ることはできなかった。それどころか、政府に対する批判はさらに公然と語られ、ますます先鋭化していく。その変化はクーデター直後から出回りだした地下出版のパンフレットからもうかがうことができた。「羊の一〇〇〇日ではなく、獅子として限りある一日を生きよ」「変革は血であがなう」「罪深きは、暴政に反抗することではなく、服従して生き永らえることだ」などと不退転の決意で貫かれていた。

とりわけ、反政府軍の正嫡としてその考えを引き継いだのが学生たちだった。一九六〇年のクーデターでは反政府軍を支援して学生も市街戦に加わっていた。反乱軍が混乱のうちに判断を見誤ってきた反対勢力に対しても、学生はクーデター後も一貫して歩み寄りの姿勢を示した。一方、王政側にとっては、改革案で譲歩する用意も整わず、来たるべき革命で政権転覆は避けられないものになっていた。

＊原註

3　アト・イドネカチュ・テセマは、二カ月前にアベベとともにローマ大会に行ったイドネカチュと同一人物。

4　一九八七年、ニスカネンの死後のことになるが、赤十字社の最高名誉章であるアンリ・デュナン・メダルが贈られている。また、エチオピア赤十字社もニスカネンを顕彰した。前者は、エチオピアをはじめとする国際的な慈善活動に対し、ニスカネンは傑出した好例として評価されたのが表彰理由である。

第6章　栄光の日々

アテネ・クラシックマラソン

クーデターは水曜日に始まり、日曜日に制圧された。そして、月曜日には普段の生活を取り戻していたことが多くの証言からうかがえる。

しかし、ローマ大会以降、アベベにはそれまでの生活が再び訪れることはなかった。親衛隊兵士であることに変わりはないが、仕事はあったにしても毎日の勤務はたかが知れており、アベベはかつてないほどスポーツにのめり込んでいく。テニス、サッカー、ホッケー、バスケットボールと多くの競技に没頭し、そうでないときは観戦で時間を過ごした。遊ぶことも嫌いではない。ダンスを踊り、ビリヤードにも興じた。世界を転戦することで、この時期のアベベは新しいゴールを目標に定めていく。そのゴールが一九六四年開催の東京オリンピックだった。

一九六〇年、金メダル獲得後に行われたエチオピアン・ヘラルド紙とのインタビューでは、アベべらしい簡潔な受け答えが次のような調子で紹介されている。四年後のオリンピックで再度の優勝が可能かと聞かれ、「戦士は負けることを決して考えない。(略)勝利はつねに自分のものと定めて立ち向かう」。健康状態を尋ねられたときには、こんなコメントを返した。「肥満客の多い観衆をちらりと見てから、アベベは勢いづいてこう言葉をつないだ。『体形をしっかりと維持できれば、四十歳になってもオリンピックには出場できる』」

だが、このころのアベベのタイムは安定していない。優勝回数は増えたが、記録は振るわずローマ大会のタイムに近づけることができなかった。スカンジナビアの長距離レースでは十分に走ることができず、スペインのサン・セバスティアンのレースはマモ・ウォルデに次ぐ二位に甘んじた。アベベが優勝したのはアテネ・クラシックマラソン、大阪の毎日マラソン、スロバキアのコシツェ・マラソンだった。

一九六一年のアテネ・クラシックマラソンは五月七日に行われた。スタート地点は伝説のマラソン発祥の地マラトン。レースはアベベにとって二度目になる国際試合だった。スタート前、イベントがいくつも予定され、古くから伝わる舞踏やギリシア神話にちなんだ儀式が用意されていた。ウォームアップ代わりに飛び入りで踊りに加わる選手がおり、スタートの直前までダンスは続いた。

ニスカネンはこの年九月のスヴェンスカブラーデット紙にレースの模様を寄稿している。スヴェンスカブラーデット紙は、エチオピア在住のスウェーデン人のあいだで読まれていた新聞である。ニスカネンは記事のなかでこう注意を促している。丘の多いコースで、「現存するコースとしてはおそらくもっとも辛いレースのひとつだ」

スタート直後からアベベが前に出た。数分後には独走態勢に入り、レース終了までほかのランナーの姿を見ることはなかった。私は伴走車に乗っていたが、道幅が狭く車が通れなかったので、九キロまで併走することができなかった。九キロすぎ、アベベはこの時点ですでに一キロの差をつけていたので少しペースを落とすように指示した。一〇キロの記録は二十九分四十四秒、記録がすべてを物語っている。一〇キロをこのペースで走れるランナーはスウェーデンにはいない。

ラスト一〇キロは喜劇じみた展開だった。コース沿いに列をなした観客はアベベに向かって花を投げかけてくれるのだが、そのまま捨て去るのも失礼と思ったのか、アベベは花を手にしたまま走り続けた。観客のなかにきれいな娘がいれば手渡すつもりだったが、花と交換に今度は花束を渡される。「まったく間が悪かった。リードも十分だったので、記録を狙っていくこともできた」とニスカネンは書いている。

アベベの記録は二時間二十三分四十四秒六。二着はベルギーのオーレル・バンデンドリッシュだったが、二年後のボストン・マラソンでバンデンドリッシュはこのときの雪辱を晴らすことになる。アテネの旧オリンピックスタジアムで行われた表彰式では、オリーブの葉の花冠と優勝トロフィーをエチオピア大使から受け取った。大使館関係者の少女は「自分の背丈ほどもある大きさ」の花束をアベベに手渡してくれた。

スヴェンスカブラーデット紙への寄稿文で、ニスカネンは余談の扱いながら、観客たちがランナーの到着を待つかたわらで、別の陸上競技を見学していた一団のことについて触れている。「スウェーデンのボーロダーレンから来ていたイェスタ・オランダーがこうした競技をさまざまなアングルから撮影していた。オランダーはアベベと私に、もしスウェーデンに来る機会があれば、ボーロダーレンの家にいつでも寄ってくれと声をかけてくれた」

オランダーはスウェーデンの卓越したトレーナーであり、ニスカネンもその影響を受けてきた。このとき三人がどのような話を交わしていたのか、記録が残されていないのは実に残念である。アベベはニスカネンの指導の賜物であると同時に、やはりオランダー理論の生きた証《あかし》でもあるのだ。ニスカネンとオランダーにとっては、少なくとも感慨深い時間だったことに間違いはあるまい。

鬼塚喜八郎の説得

一九六一年六月十五日、アベベ、ワミ・ビラツ、ニスカネン一行は、毎日マラソンに出場するため大阪に向かった。主催する毎日新聞社は日本有数のメディアグループのひとつである。ワミにははじめての海外試合だが、この遠征はもうひとつ重要な〝初〟を担うことになる。この大会で、アベベにランニングシューズを着用させることをニスカネンは決めていた。

試合は六月二十五日で、当日まで練習時間が残されていた。コースは途中、数キロにわたって砂利道が続いており、「ほかの場所でも舗装は貧弱だった」とニスカネンは書いている。「ローマやアテネではアベベも裸足で走ることはできた。しかし、今度ばかりは足にけがを負うリスクをむざむざ冒すことはできない。シューズ未経験のワミは裸足で走らなくてはならない」

鬼塚喜八郎は、アベベのローマ大会優勝を現地で見ており、毎日マラソンでは知人を介してニスカネンたちに会う機会を得ていた。知人とは鬼塚の親友で毎日新聞運動部記者の村社講平《むらこそこうへい》である。村社は一九三六年のベルリン・オリンピックで一万メートルと五〇〇〇メートルに出場した陸上の元選手だった。

このときの鬼塚こそ、時と場所を得た人物だった。「非常に感銘を受けました。自分が向かい合っているのはマラソン走者ではなく、ひとりの哲人だという印象でした」。面談から三六年後、鬼塚喜八郎はそのときの様子を次のように回想する。

鬼塚「本日は、あなたをサポートしてシューズをご提供するためにおうかがいしました。このシューズを履いてぜひ優勝してください」
アベベ「いつも裸足で走って何度も優勝してきました。シューズは必要ありません」
鬼塚「日本の道路はとても危険です。ですからシューズは欠かせません」
アベベ「道路はたしかによくないでしょうが、シューズは必要ありません」
鬼塚「すばらしい足をしている。猫のように軽やかな足です。しかし、シューズを履けば記録はもっと伸ばせるでしょう」

ここでニスカネンが割って入り、鬼塚の言うことにたぶん間違いはないとアベベを説得する。アベベはニスカネンの意見を聞き入れた。

一枚の写真が残っている。鬼塚とアベベの二人を写した写真だ。蝶ネクタイ姿の鬼塚がかがみこみ、手製の白いオニツカタイガーをアベベの足に合わせている。アベベはベッドに腰かけ、白い短パンに白ソックスを履いている。ベッドに座ったアベベのかたわらには黒いシューズが置かれているが、試合で履いたのと同じタイプのシューズである。

大会当日、気温は高く、湿度は七七パーセントもあったが、エチオピアの二人の走者はレース早々、総勢五一名からリードを奪った。すさまじい湿気だった。「これほど汗にあえぐランナーを見たのは生まれてはじめてだった。アベベのシャツやパンツはずぶぬれだった」とニスカネンは書いている。

ニスカネンは普通、三五キロ手前で選手に水分の補給はさせない。だが、このレースでは違った。二人には二〇キロすぎから五キロごとにブドウ糖入りのフルーツジュースを飲ませた。ワミは塩の錠剤も口にした。塩をなめていれば、競技中に起こる痙攣やほかの病気の発生を防ぐことができる。だが、そのワミは胃の不調を訴え、アベベについていくことができなくなっていた。

ここまでアベベがひとりで試合を引っ張ってきた。ニスカネンもアベベ〝独走〟と書いたが、それは書き直している。「『独走』はふさわしい言葉ではあるまい。たぶん沿道には何万という人たちが並んでおり、こうした人たちがいっしょになってアベベに声援を送り続けてくれている。これほど熱心な観客は見たことがない」

レースはアベベがはじめて経験したテレビの生中継だった。ニスカネンの手記によると、アベベのコースを確保するためにニスカネン自身の長い戦いが繰り広げられていた。

テレビカメラや報道陣、大会関係者を乗せた車が絶えずアベベを取り囲もうとする。さらにそのあいだをオートバイの一団が何度も割り込んでくるものだから、あわれなアベベは排気ガスで溺れかけていた。自分たちがまき散らしているダメージを誰も気には留めない。車に同乗する関係者に機会をとらえては何度も指摘した。車やバイクの数を減らしてくれ。そうすれば、アベベもしつこいカメラマンに煩わされないので競技に専念することができる。一時はそのとおりになるが、しばらくするとまた同じだ。誰も悪意でそんなことはやっていない。それはよくわかっている。できるだけ近づいていい絵や写真を撮りたいだけなのだ。

こんな問題に見舞われていたにもかかわらず、レースはニスカネンが新聞から引用した文言どおりの〝ワンマンショー〟と化していた。優勝したアベベのタイムは二時間二十九分二十七秒。ワミよりも一〇分速かったが、ニスカネンが書いているようにワミは「暑さばかりではなく、胃の不調、最後の一二キロは脚の負傷とも戦っていた」。そのワミは二位につけ、三位のランナーはそれから一七秒後にゴールした。

レース終了後、シューズを作ってくれた鬼塚に対してアベベは、「おっしゃるとおりでした。シューズのおかげでグリップはもっと確実になって、トラッキングもずっとよくなっていました」と礼を伝えた。一九七七年、鬼塚は社名をアシックスと改め、会社はさらに大きくなって優良企業へと成長したが、自分の生涯でアベベから感謝されたときほどうれしかったことはないと語った。二〇〇七年、鬼塚は八十九歳で亡くなった。
ローマ、アテネ、大阪の各レースでの体験を寄稿したスヴェンスカブラーデット紙の記事は次のような文章で締めくくられている。

アベベの成功は、エチオピアの選手にとってこれ以上ない可能性の扉を開いた。それは陸上に対する好奇心、とくに長距離走に対する好奇心において明らかだった。子供たちの指導にもう手を焼くことはない。アベベの走りが知りたければ、オリンピックの記録映画を見るといい。いまならハイレ・セラシエ一世劇場で上映中だ。観て損はさせない。

ボストンの誤算

この年の十月、スロバキアのコシツェのレースでアベベは再び優勝、タイムは二時間二十分十二秒。一九六二年には複数の競技会に参加したが、総じて短い距離のレースばかりだった。ベルリン、スウェーデンのマルメ、コペンハーゲンでの大会などだが、スウェーデンの大会では、ニスカネン、アベベ、マモ・ウォルデの三人は、ストレングネースにあるマグヌス・エーレンストレムの招待を受けて同家に滞在している。

ストレングネースはストックホルムの西約九〇キロにある湖畔の小さい町で、その歴史はバイキングの時代にまでさかのぼる。

エーレンストレムもかつてエチオピアで働いていた予備役の軍人で、一九六六年に「レッダ・バーネン」――セーブ・ザ・チルドレン・スウェーデンの事務局長に就任している。エチオピアに駐在していたころは、ルービン家のサウナを選手やニスカネンといっしょに使っていた仲だった。エーレンストレムの意見では、アベベもマモも質素な出ということもあるのだろうが、外国人の前では内気で控えめ、しかし〝とても礼儀正しい〟というものだった。

一九六三年、アベベはボストン・マラソンに参加するためにマモとともにアメリカに渡った。東京オリンピックを前にした最後の国際試合という重要なレースだった。試合にニスカネンが同行した記録は残されていない。二人にとってこのときの遠征は、はじめての海外ではないにしても、ニスカネン抜きで行く最初の国際試合だったと思われる。

アベベはレキシントンにあるウォーレン・ギルド博士一家の世話になった。アメリカ独立戦争の火ぶたは一七七五年、ボストン郊外にあるこの町で切られた。のちに博士はアベベについて、「献身と勇気というものについて、この人物に一グラムでもまさる者はほかに存在するのだろうか」と評している。

優勝候補と言われたアベベだが、結果は芳しいものではなかった。イギリスのブライアン・キルビーはローマ・オリンピックで二九位だった選手だが、レース直前に地元紙とのインタビューで今回の作戦について語っている。記事はアベベの強さに触れたあと、次のように続く。

アベベのほかにもうひとりマモ・ウォルデというエチオピア人選手がいる。伝えられるところでは得意種目は一五マイル。そこで、こんな展開が予想される。レースの序盤で競争相手を消耗させるため、スタートと同時に全力疾走してペースを作る。もしマモがこの作戦でくるなら、アベベも簡単には勝てないと考えたほうがいい。（略）こんな展開になったとしても、自分はその手にはのらないとキルビーは約束した。

実際のレースはほとんどこの予想に近い展開だった。

レースは四月十九日の正午に始まる。寒い日で小雨が降っていた。エチオピアの二人が先頭に躍り出た。二人には対抗心が芽生えつつあったが、先に前に出たのはマモのほうだった。二人がシューズを履いていることに誰もが気づいた。

だが、終わってみれば優勝はベルギーのオーレル・バンデンドリッシュで、前日に現地入りした三十一歳の帳簿係は、時差ぼけで眠れなかったと言うが、それにもかかわらず二時間十八分五十八秒のタイムで優勝した。「レースが始まると、目に入ってきたのはエチオピアの選手だった。二人とも勢いづいていたので、先にへたばってくれと祈っていた。しかし、自分のランニングスタイルは変えたくなかったので、三位になることを考え続けていた」

エチオピアの二人の前評判は高く、ゴールの六マイル手前でその姿が目に入ってきたとき、バンデンドリッシュは〝ひどく驚いた〟と言う。「ゴールまであと二マイルのところでアベベを抜いたとき、観客は歓声をあげてくれた。アテネのレースでは、ぴったり一〇〇ヤードの差で負けていたからね。そのあとじきにマモを抜き去った」。アベベを抜く間際、バンデンドリッシュはアベベに向かってにやりと笑い、それから観客の声援に応えると、鼻をかみながらラストスパートをかけたと記事にはある。

ここでバンデンドリッシュに追い抜かれるまで、観客全員の目はアベベとマモの二人にそそがれていた。ニューヨーク・タイムズ紙は二人について次のような記事を載せている。

エチオピアの選手は確実な勝利に向かい、一分間に一九六歩のペースでひた走っていた。黄褐色のレインコートに身を包んだ、ウェルズリー大学の清楚な女子大生が笑顔を向けても微笑を返せる余裕はなく、「おい、そこの焦げ茶の下着を着たやつ」と子供たちに騒ぎ立てられても、自分が肌の色でからかわれていることに気がつかない。

オーバーンデールにさしかかったころ、三位のキルビーとの差を二分の一マイルに広げていたが、二人の頬はげっそりとこけていた。ニュートンのセンター・ストリートで、アベベはマモに向かってなにか叫ぶと、仲間を尻目に猛ダッシュをかけた。しかし、ブルックラインに至ったころには屈強なアベベも息は荒くなり、細面の顔に目は深く落ちくぼんでいた。

バンデンドリッシュが追い上げ、クーリッジコーナーでアベベを追い越していく。抜き去られる瞬間、アベベは相手の顔を見ようともしなかった。

アベベとマモはこのあともペースを落とし続け、結局、アベベは二時間二十四分四十三秒で五位に終わり、一二位のマモ・ウォルデはひと目で疲労困憊とわかった。二位で入ってきたのはアメリカのジョン・J・ケリーで、タイムは二時間二十一分四十三秒、ブライアン・キルビーは二位と同タイムの三位だった。レースを先導していた州警察の三台のオートバイは、不思議なことにマサチューセッツ動物虐待防止協会から派遣されていた。三年前、ランナーが犬につまずくという事故があって、野犬の保護を目的にしていた。

走るのは祖国のため

この時期、アベベとニスカネンはもっとも親密な協力関係と友情で結ばれていたのは疑いない。ニスカネンはトレーナーとして円熟期を迎え、アベベも教え子としてその指導には素直に耳を傾けていた。同じゴールを目指し、それに向かってともに手を携えていく覚悟もできていた。

一九六一年、ニスカネンはエチオピアの赤十字社の常勤事務局長に就任している。赤十字社との付き合いは一九四八年からだが、それまでは断続的なものだった。また、エチオピア陸上競技連盟には設立者のひとりとしてかかわり、副会長を務めていた。ニスカネンの経歴書の一九六〇年から六九年の欄には、「エチオピア陸上競技連盟の職員並びにコーチとして、世界各国で開催される数々の国際大会に参加」と記されている。

イギリスのベイジル・ヒートリーは、東京オリンピックでアベベに次いで二位で入賞する選手で、スペインのサン・セバスティアンの大会でニスカネンと会ったことを記憶していた。ニスカネンはイギリスの関係者と酒を飲む機会が多かったが、それはこの国の指導法を知ることが目的だったのだろう。ヒートリーも、ニスカネンは「選手のモチベーションを高める方法にはなみなみならぬ関心を寄せていた」と言う。ヒートリーが驚いたのは選手たちの待遇を聞いたときだった。当時としてはまさに破格の扱いだった。「エチオピアでは練習のたびごとに理学療法を施していると言うんだ。専門家の処置を受けている選手とどうすれば互角に戦えるのかと思った。個人的にその道のプロを雇えというのかね」

仏レキップ紙のアラン・ランゼンフィッシャーは、ニスカネンの指導の結果は、ローマと東京オリンピックで見られるアベベの走り方の違いからもうかがえると言う。「マラソンの走り方にはふたつの方法しかない。一〇〇も二〇〇も要らない」

第一の方法は「完走するための走法」だ。ローマ大会のときがこれだ。アベベは決して先頭に出ようとはしなかった。駆け引きも知らなかったので、ラストスパートの四一キロまでは先頭集団について走った。第二の方法が「勝つための走法」。この方法で走ったのが一九六四年だった。とにかく前に出ることを優先して、ほかの選手のことは考えない。

東京オリンピックに向けた調整では、ニスカネンの勧めに従い、トレーニング開始前に三カ月程度の休養期間を設けた。だがこの休養のせいで、ローマの英雄は日本で二回目の勝利は不可能だという、そんな噂をアジス・アベバの町に巻き散らしてしまう。

東京オリンピックの直前、アベベとマモは、エチオピアスポーツ連盟が練習計画を満足に組み立てることもできないことに対して不満をぶちまけていた。一九六四年七月十二日付のエチオピアン・ヘラルド紙は、「連盟は四年間活動らしい活動もせずに過ごしたまま、オリンピックの準備をわずか二〇~三〇日で済まそうとしている。これでどうやって勝てというのだ」という二人の連盟批判を掲載した。選手の訓練に必要な資金はもっぱら軍関連のスポーツ団体から出ているだけに、批判は衝撃的だと新聞はコメントしていた。

実のところ、こうした発言はニスカネンの処遇を巡って新たな確執が表面化したことをうかがわせるものであり、ニスカネン本人も、「例によって例のごとく、オリンピックの代表選考が遅きに失して始まった」とスヴェンスカブラーデット紙に不満を吐露している。

実際、ローマ大会直前のときとまさに同じ構図で、このときもニスカネンの同行問題を巡って議論が噴出していた。エチオピア人トレーナーたちは復讐の思いも新たにニスカネン攻撃を開始した。親衛隊当局は、陸上競技連盟がニスカネンを公認コーチとして選任しなかったことに対し、もしこれが事実なら、アベベはもちろん、隊付きの選手がデブレ・ゼイトで行っている訓練を中止させるだけではなく、オリンピックへの参加も辞退すると連盟に通告する。トレーナーたちは、親衛隊は外国人の肩ばかり持つと非難した。

ベケレ・ゲザウ大佐の記憶では、問題は再びメリド・マンゲシャ中将に預けられたが、今回はさらにまるまる三日間にわたって閣議にかけられることになった。この危機をどう乗り切るかについては提案もいくつか出され、最終的にはニスカネンは公認コーチではなく〝顧問〟という肩書きで参加という政治的な打開策がひねり出される。イドネカチュ・テセマの息子、タデル・イドネカチュは、「コーチたちの取るに足りないやっかみにすぎません。本当になにもできない連中です。ローマのときだってそうだったし、このときだってそれまで連中はなにをしてきたんでしょうか」と容赦がない。

ところが、突然ここで別の問題が持ち上がる。アベベが盲腸にかかってしまったのだ。数週間前、ニスカネン自身が盲腸の手術を受けたばかりだったので症状からすぐに原因がわかったが、このトラブルもエチオピア人コーチたちに格好の口実を与えた。アベベが盲腸になったのは九月十六日。選手団が東京に出発する十二日前のことであり、レース当日の三十五日前に当たっていた。刺すような痛みを胃に感じたのは、デブレ・ゼイトで練習をしているときだった。アベベはアジス・アベバのハイレ・セラシエ病院に駆け込んだ。この病院にはドイツ人医師がいて、ナショナルチームの選手は無料で診察してくれることで知られていた。医師はひと目で痛みの原因を見抜いた。

イドネカチュ・テセマとニスカネンが夜遅くまで対応を検討した結果、ただちに入院させて手術を受けさせることが決まる。手遅れは許されなかった。だが翌日、反ニスカネンの連中から激しい非難がわき起こった。決定が医師団の承認を得ていないこと、さらに問題なのは、金メダル獲得のチャンスを二人がむざむざ捨ててしまったことである。皇帝は医療委員会を招集した。委員会は二人の判断に誤りはなかったとすみやかに結論を下している。

次の文章は、アベベの術後の経過についてニスカネンが説明したものである。

手術直後のアベベは気落ちもしておらず、にこにこと笑いながら温かい握手を返してくれた。私がデブレ・ゼイトに安心して戻れることを喜んでいたのだ。術後に問題がなければ、練習に戻れることは知っていた。もうなにも心配はなかった。数日後、再び見舞いに訪れると、ベッドから起きてあたりを歩き回っていた。それから一週間後にアベベは退院した。日本出発前に練習を始めることはできず、歩いて軽い体操ができる程度の回復だ。東京到着後、レースまで残り三週間だった。

アベベの入院中、盲腸は外国人のトレーナーにこだわるアベベに下された天罰だという噂が町中で囁かれていた。

東京に出発する直前、選手団は皇帝に召し出された。ローマ大会のときとまったく同じだ。アンボというミネラルウォーターやコーラが用意されたメネリク宮殿の庭に集められた一行に向かい、国のために勝利する責任を全員が負っていることを皇帝は説いた。「今回ばかりはアベベのような選手が何人も現れることを願っている。臆することなく戦ってほしい。神のご加護あれ。幸運を祈る」

大勢の高官たちに囲まれて皇帝は玉座に腰をおろしていた。ワミは「皇帝に拝謁できたことは本当に誇りだった。もちろん、これがはじめてではなかった」。ワミひとりで皇帝に呼び出されたこともあったが、それはアベベも同じだったはずである。

ワールド・スポーツ誌のコリン・ギブソンは、東京大会の前にエチオピアを訪れてアベベの練習を見学している。記事は一九六四年四月に掲載されたが、ギブソンは、ローマ大会以降のアベベのあまりパッとしない記録についても言及した。

通訳を介して話しているると（世界各地を転戦しているにもかかわらず、その英語は片言にすぎない）、アベベの狙いはオリンピックに集中しており、それ以外の国際試合ではわざわざ調整する気はないような印象を受ける。この点を踏まえると、ローマ大会以降の成績を判断材料として過信するのは危険かもしれない。ギブソンの読みに誤りはなかった。そうであるなら、ギブソンのもうひとつの指摘について紹介しても無駄ではあるまい。

アベベという人間は、なによりもまず誇り高きエチオピア臣民であるということだ。その次が兵士であること。最後にようやくマラソン走者という順だ。この風変わりな発想は、自分について書かれた記事や写真、インタビューにまったくと言っていいほど関心を示さない態度にも現れている。(略)しかし、東京大会で再び金メダルを取ると固く心に決めていることについては疑うまでもあるまい。

第7章　東京の奇跡

イギリスチームの疑念

エチオピアの代表団を乗せた飛行機が東京に到着したのは、九月二十九日の午前六時三十分だった。空港にはアベベの来日を確認しようと報道陣がすでに待ち構えていた。ニスカネンとは、大会関係者が選手たちのためサウナを用意しておいてくれたことを喜んでいた。東京観光を済ませると、ニスカネンは、「練習を始めた。終了後にサウナとマッサージに行った」と書き残している。

こうした手配にアベベがどう思っていたのかはわからないが、ニスカネンは明らかに興奮していた。東京大会はどれも〝申し分はない〟。サウナだけではない。選手村はもちろん、体育館、競技場、球技用のグラウンドもきちんと整備されている。そのうえ特別病院も用意され、テントには食べ物が並んでいる。選手村を自由に移動できるように何百台という新品の自転車が置かれ、ニスカネンによると、みんな「こうした自転車をいつも探していた」という。

自転車に乗ったことがないアベベも試しに乗ってみたが、危うく大けがをするところだった。翌日、手に包帯を巻いてアベベが現れた。自転車で転倒したせいである。病院を訪れたのはいいが、そこで何人かの記者に見つかってしまう。怖じ気づいたアベベは膝のけがについてはなにも言い出せないままでいたが、けがはこちらのほうが深刻だった。結局、ニスカネンに見せるまで膝のことは隠しておいた。

しかし、こうしているあいだにも、手の負傷を報じる誇張を極めた記事は世界中を駆け巡っていた。心配したアジス・アベバからただちに電報が送りつけられたが、ニスカネンによればその電報は、「大騒ぎもいいところだった。だが、アベベの自転車は禁止。盲腸の予後にも差し障りがある」。それから数日間というもの、こんなプレッシャーが休みなく続いた。アベベはスポーツ界の世界的な有名人で、そのアベベをそっとしておくため、ニスカネンは必死になって周囲と戦わなければならなかった。

アベベとのインタビューが目的で連日、報道関係者が選手村のこの一角に殺到した。トレーニング中はもちろん、食事の最中や就寝中、サインを書いているあいだにも現れる。報道陣を押し返し、訪問を制限しなくてはならないこともあった。日本で一番大きなテレビ局のＮＨＫから電話があり、マラソンで優勝したあと、当日夜七時の番組に出てほしいという。優勝などまだ早すぎると返事をした。レースの一〇日も前の依頼だ。だが、アベベが必ず優勝すると考えてインタビューを申し込むのなら約束はしよう。結局、NHKはアベベのインタビューに成功した。

ニスカネンは、オリンピックをまとめあげた日本の手腕ばかりではなく、東京の変貌ぶりにも驚いていた。一九六一年の毎日マラソンで来日して以来の東京だった。

一一〇〇万の人が住む東京は本当に魅力にあふれている。住民は仕事熱心な人たちばかりだ。わずか三年ぶりとはいえ、この町は本当に変わった。ぴかぴかの現代建築が建つ一帯はかつてスラム街だった場所である。交通整理も行き届いている。約二〇〇万台の車が走る東京で事故はほとんど起きていない。ルールがきちんと守られているのだ。混雑のさなかに道路を毎日遮断してマラソンのコースの準備をしたのだから、大会の主催者は本当にたいしたものだ。何千人という警察官が脇道という脇道に目を光らせ、車が練習中のランナーの邪魔にならないように見張っていた。

上機嫌なニスカネンとは裏腹に、エチオピア陣営の様子は芳しくなかった。選手たちは見事にやり遂げているのだが、メダルにはどうしても手が届かない。マモ・ウォルデに期待が寄せられたものの、一万メートルでは試合中に押されて転倒。片方のふくらはぎに裂傷を負っていた。完走はしたがその後は歩くのがやっとで、マラソンは棄権かもしれないという、目も当てられない状態に陥っていた。

この様子をアベベはどう見ていたのか、それについては想像にまかせるほかないが、アベベが抱き続けていたプレッシャーは、むしろ和らいでいたのかもしれない。デブレ・ゼイトで行われた選考会では、アベベは勝ったとはいえマモとの差はわずかに一秒。来日後もマモは改善のためのトレーニングに余念がなかった。もっとも、それだけにマモ自身の失望がいかに激しいものだったか言うまでもない。

厳しいレースになると誰もが予想していた。マラソンの世界記録はローマ大会からすでに三度書き換えられており、一九六三年、日本の寺沢徹が二時間十五分十五秒八をたたき出すと、翌一九六四年には、イギリスのベイジル・ヒートリーがウインザー－チズウィック間のレースを二時間十三分五十六秒で走って勝利する。

ヒートリーがこの時点で世界記録保持者であり、スペインのサン・セバスティアンの大会で出会って以来、ニスカネンもヒートリーは知っていた。前年のボストン・マラソンでアベベを破ったイギリスのブライアン・キルビーのことはマモもアベベも覚えている。ヒートリーとともにキルビーも優勝候補のひとりだった。

レース当日の十月二十一日が迫っていた。ベイジル・ヒートリーは、「これでエチオピアの勝ち目はなくなったと言うわけではないが、アベベが盲腸を手術したことは知っていた」。しかし、ふたつの理由からイギリスチームは警戒を解こうとはしなかった。ひとつは、盲腸という話が本当かどうか確認のしようはなく、競争相手を油断させるために意図的に流された嘘かもしれなかった。そしてもうひとつの理由は、トレーニング中のアベベを確かめる機会をようやく得ることができたからである。アベベはやはりすごかった。東京オリンピックの陸上競技のキャンプ地は米軍施設の跡地に建てられており、選手たちはその周囲約四キロを走ってトレーニングをしていた。「本当によく走ったが、ここで二回、アベベと走る機会があった」とキルビーは振り返る。

アベベの集中力のすごさには圧倒された。走っている最中は、雑念をどれだけ払えるかが非常に重要で、アベベはその能力に誰よりも優れていた。置かれた状況から自分をどれだけ切り離せるのか、その点でアベベに勝る選手はいなかったが、この能力がもたらす効果には計り知れないものがある。

孤高の走者

ローマ大会がそうだったように、オリンピックの公式映像はディテールに優れた情報にあふれている。東京大会のマラソンのシーンは、ヘリコプターの空撮で始まっていた。聖火と七万二〇〇〇人の観客であふれかえるスタジアムを映したカメラはアングルを切り変え、スタート地点の映像をとらえた。熱心な観客であたりは埋め尽くされていた。大会関係者は青いジャケットに赤いバンドが巻かれた白の帽子。映像には選手たちをスタート地点に集める関係者の姿が映されている。集団のうしろではアベベが大またで歩いて身体をほぐしていた。

アベベはシューズと白いソックスを履いている。ローマ大会でアベベを観戦していたニール・アレンは著書『オリンピック・ダイアリー：東京1964年』で、「おそらくこれは、英雄の時代から蘇ったチャンピオンが、現代スポーツから学びえたことの証なのだろう。しかし、アベベに言わせると『選手村でたまたま買ったものだ』と実に素っ気ない。正しく言えばこのシューズは選手たちが通常、『ウォームアップシューズ』と呼んでいるものである」

このエピソードは、アベベが口にした嘘として唯一記録に残されているものかもしれない。

アベベのシューズについては、一九六一年にそれを手がけた鬼塚喜八郎の証言が残されているが、鬼塚は今度の東京オリンピックでは自社の練習着をアベベに着てもらう心づもりでいた。だが、ニスカネンは「すまない」と答えた。「このレースでアベべは『タイガー』を履くことはできない。すでにほかとの約束が決まっている」。それがプーマだった。

「さすがに驚きました。そのころはまだアマチュアリズムに対して厳しい規定が生きていた時代です。それにもかかわらず出し抜かれたのは、よその会社のほうが一枚上手だったんでしょう」。つまり、プーマに金を積まれたのではないのかと鬼塚は勘ぐっていた。当時のプーマは鬼塚の会社をはるかにうわまわる企業だった。

シューズはともかく、アベベがこの大会で着用していたのは黒いランニングシャツでゼッケンは17、それに〝乾いた血〟と表現された色のパンツをはいていた。ベイジル・ヒートリーの回想は、スポーツと色の関係について示唆に富み、それはまた、ランナーの目がレースをどのように把握しようとするのかを具体的に教えてくれる。


東京は三日のサイクルで天気が変わっていた。競技初日はどしゃぶりの雨。次の日はひどく蒸し暑い日で、三日目は本当に気持ちのいい青空になった。この順で空模様が変わっているようなので、マラソン当日は湿度九〇パーセントを超えるきわめて不快な天候になりそうだった。

ウォーミングアップを始めると、すぐにブライアン・キルビーの首や肩から汗が吹き出てきた。「走る前からこれではこのさきどうなるのだ」。早い時期に勝負をかけてくる強気な連中が大勢出てきそうだと考えた――はたして、読みのとおりだった。

スタートの号砲直後、アベベの姿はフィルムに写っていない。アベベは最後尾のひとりとしてスタジアムを出ていた。だが、まもなくほかの選手たちとの距離を詰めていく。

五キロ地点での先頭集団は、オーストラリアのロン・クラークをトップに、アイルランドのジム・ホーガン、チュニジアのハデブ・ハンナシ、イングランドのロン・ヒル、もうひとりのチュニジア人選手エドフィリィ・ベン・ブーバケルと続き、集団の後部にアベベ、二名のケニア人選手、イタリア人選手がいた。クラークとホーガンが前に出るとアベベもスピードをあげる。一〇キロ地点では三人はほぼ横並びになって進んだ。

カメラはここで再び三人の姿を追い始める。一五キロ地点前、後続グループに対してすでに一分以上の差がついていたが、まもなくクラークが後退を始める。アベベは前に進んだ。二〇キロ地点でアベベは立ち止まってグルコース入りのフルーツジュースを手に取った。

アベベの二五メートルうしろを走っていたホーガンはチャンスだと思った。三メートルにまでその差を縮めたものの、しかし、この努力は無駄に終わる。アベベが再び走り出したのだ。スパートをかけるポイントとして、ニスカネンとあらかじめ打ち合わせていたのがここだった。そして、ここはニスカネンがアベベの到着を待つと約束した場所でもあった。

もう誰も二度とアベベをとらえることはできなかった。力尽きたホーガンは三五キロ地点で棄権した。うしろを振り返り、自分がひとりであることをアベベが確かめる必要もなかった。仏レキップ紙のアラン・ランゼンフィッシャーは、マラソンでは、追ってくるライバルの存在は「感じる」ことができるものだと言う。「相手の調子さえ感じ取れる。振り返る必要はない。少しペースをあげれば、息づかいでその調子が伝わる」

デイリー・ミラー紙のピーター・ウイルソンは、「重く垂れこめた雲は、水をたっぷり吸った灰色のスポンジになって選手たちにのしかかっている」と書き、アベベを「走るメトロノーム」とたとえた。沿道には二万人近い観客たちがランナーを見詰めている。「戴冠式に参列しているような気分にだんだんとなり始めていた」とヒートリーは述懐するが、ウイルソンはさらにこう書き加えた。騒音がもたらした影響で、レースに立ち会っていた「選手と観客の双方が催眠術にかけられたようになっていた」

沿道を埋め尽くした観客で人垣は一〇列、場所によってはそれ以上になっていた。バルコニーにも人は群がり、郊外では桜の枝にしがみついて見ている人がいた。横断幕に書かれたクモのような文字も人混みで読み取ることができない。工場やアパート、薄っぺらな造作の家々を後景にやりすごしながら、ピストンのような駆動を続けるアベベの走りはある思いを明らかに語りかけているようだった。「戦場から逃げ出すことはできない」

二メートル先の路上の一点に視線を凝らし、アベベは〝見事なほど〟呼吸を乱していない。ロンドンのタイムズ紙はアベベを〝路上の帝王〟と命名した。

日本の記録映像はここからが佳境だ。カメラワークをアベベの走りに合わせ、映像はスローモーションに切り替えられた。アベベのあごから汗がしたたり落ちていく。肌は光沢を放っている。突然、手を伸ばして水の入った容器をつかむとぐいとひと口。残った水を頭から浴び、空いた容器を手から放る。このレースではまだ二度目の補給であり、ここまでで一時間四十五分を走っていた。ピーター・ウイルソンは次のように記す。

東京大会でゴールするアベベ。史上初の大会二連覇だった。国立競技場。
1964年10月21日（共同通信社）

もちろん、アベベには一グラムも贅肉はついていない。脚はまるで筋だらけの老鶏のようだった。無表情の顔に印象的な上唇の真っすぐなひげ、髪は黒く縮れている。指輪をひとつはめていた。

アベベはスタジアムに向かって進んだ。カメラはその姿を背中から撮っているので、肩越しにスタジアムの聖火台が見えている。正面から見るとアベベはいまやまったくの独走状態だった。ロン・クラークや他の選手たちはすでに遠く引き離されて姿さえ見えない。そして、スタジアムに入ってきたとき、トランペットが鳴り響いてもアベベが無表情のままだったという、ウイルソンの目敏い指摘に間違いはなかった。

歓声が沸き起こる。ラジオの実況がスタジアムに流されていたので、観衆は選手の正体をすでに知っていた。疲れた様子もうかがえない。心もち両腕をあげてアベベはゴールに飛び込んでいた。二度目の金メダルは二時間十二分十一秒二の世界新記録、オリンピック史上はじめてのマラソン二連覇だった。オリンピックの歴史は再びアベベによって書き換えられたのである。

だが、ゴールインしたとはいえ、アベベはそのあとも大会関係者を困惑させ続け、観客たちにはショックを与え続けていた。走り終えて倒れ込むかと思いきや、そのまま整理体操を始めたのだ。つま先に二度触れるようにして前屈すると、今度は仰向けに寝転んで自転車こぎを始める。それから顔越しに脚をうしろに投げ、弾みをつけて勢いよく立ち上がると、そこでようやく観客に気がついたかのように高々と両腕を差し上げた。頭には枯れ草がついたままだ。アベベは生涯最高の拍手喝采を浴びていたが、観客の多くは目の当たりにした体操で気が触れたように歓声をあげていた。

国際陸上競技連盟（IAAF）元会長のプリモ・ネビオロは、ローマ大会でアベベの優勝を目撃したが、「本当に驚いた。目覚めの体操のような調子であんなまねをしたのだから、アベベの強さ、そして体力というものをまざまざと見せつけられた。まさしく天才に違いない」と語った。

もっとも、アベベは観客を喜ばせようとして整理体操をしたのではなく、筋肉が痙攣して目がくらむほどの痛みだったとのちに語っている。

円谷幸吉の悲劇

しかし、これだけでは見せ場が足りないとでもいうように、今度は日本の円谷幸吉がヒートリーを引き連れてスタジアムに入ってきていた。ゴールを目にしたそのとき、ヒートリーがスパートをかけ、円谷を抜いて銀メダルをもぎ取る。『オリンピック・ダイアリー：東京1964年』の著者ニール・アレンは、観客が総立ちになり、ため息とともに「日本の面目はどうなるのだ」と肩を落としていたと書き残している。デイリー・ミラー紙のピーター・ウイルソンはその様子を次のように描写した。
ヒートリーがゴールに入ったとき、二〇ヤードうしろを走っていた円谷の身体は揺れ、ふらつき始めていた。衝撃的な事件を目の前にした人間が、その場から後ずさりする姿に似ていた。円谷の膝から力を奪い、脚を震わしていたのは疲労ではなく、むごいほどの失望感だった。

アベベは四分以上の差をつけてヒートリーと円谷を破ったが、母国で受けた屈辱は円谷を悲惨な状況に追い込む。オリンピックが終わると、恋人だった女性とは会うことを禁じられ、一九六八年のメキシコ・オリンピックに向けた練習がただちに開始された。故障をして入院するが、退院したときにはもう以前のように走ることは絶対にできないことを円谷は悟った。円谷が自死を選んだのはメキシコ・オリンピックの開催年のことだった。「もうすっかり疲れ切ってしまって走れません」。残された遺書にはそう記されていた。

ブライアン・キルビーは四位で、タイムは二時間十七分二秒四だった。

ヒートリーが語るレースの話は興味が尽きず、この部分に関するインタビューは全文を掲載しておく意味はあるだろう。念頭に置いてほしいのは、ヒートリーという人

東京大会で表彰台のアベベ。左はヒートリー（英国）、右は円谷幸吉。国立競技場。1964年10月21日（共同通信社）

は、試合当日の湿度を予測したうえで警戒を怠らず、しかも、かなりの選手が早い段階で勝負に出てくることを見越していたという事実である。

アベベは私を追い抜いていったが、抜かれざまに私はこう思った。「ほらほら、アベベだぞ」って。どうやら盲腸の話は嘘だったようだな。アベベは自分の務めをきちんと果たしている。根っからのマラソンマシーンだ。

私の作戦はうしろからついていくことだ。大勢の選手が間違いなく飛ばしてくることはわかっていたからね。しかし、前のほうではまだたくさんの選手が走っていた。半分ほど過ぎたところで「これはしくじったか」と思った。だが、ここからだった。みんなどんどん脱落していく。こんなコンディションで飛ばしすぎだ。一五マイルではブライアン・キルビーと併走していたが、このペースに合わせていくのが一番だとわかった。

二〇マイルを過ぎたころ、ハンガリーのヨーゼフ・ストーと円谷が前を走っていた。この二人が先頭かどうかはわからなかったが、そのさきにまだ何人かいるだろうと考えた。二人の差が開いて、やがてストーがさがってきた。私はブライアンと別れてストーに追いついた。そのとき円谷が私に合わせてさがっていることに気づいた。これがマラソンでいう、誰かについて走るということだ。スタジアムが近づいてきたが、状況がどうなっているかまったく見当がつかない。だが、勝負はラストスパートで決まりそうな気配が濃厚になってきたのはわかった。

競技場に入ると耳が割れるほどの歓声だ。それもそのはずで、日本は陸上ではまだメダルを手にしていない。七万人の日本人が「がんばれ」の大合唱だが、円谷との差は縮まっているのは知っていた。その差がバックストレートとほぼ同じになったところで私はラストスパートをかけた。一〇〇ヤードでさらにスピードをあげた。二〇ヤードあった円谷との差は縮まり、逆に一〇ヤードの差をつけて私はゴールしていた。円谷にもう体力は残っていなかった。このラストスパートは本能に従ったもので、「いまがそのとき」だとわかった。頭で考えても結論はなかなか出てくるものではない。ただ、もう二度と追い付けないと悟って円谷は相当辛い思いをしていた。それは試合後も変わらなかった。

よく立っていられたと自分でも思ったよ。自分がどこにいるか、仲間のひとりが魔法瓶に入ったお茶を持って駆けつけてくれるまでわからなかった。それほど興奮してはいなかったが、日本の役員のあとについていった。係員がなにかを並べると、それを役員が指示どおりか確かめていた。そのあと回復室に連れて行かれ、三〇分後には授賞式に案内されていた。

その晩、アベベの宿舎をたずねたけれど、ニスカネンと二人でちょうど出かけようとしているところだった。たぶんテレビの取材だろう。手を振って挨拶することはできた。

中間地点のタイムで勝利を「二〇〇パーセント、確信した」とアベベは語った。さらにニスカネンが言葉を足した。「医師たちからは、レースまでには手術のダメージから回復すると言われていたので、そうなると優勝できるランナーはひとりしかいなかった」。アベベもうれしくてたまらない。話がとまらずにオリンピック三連覇を約束してしまう。「一九六八年の次期オリンピックに向けてトレーニングを始めよう。メキシコシティでのレースはもっと楽だと思う。海抜七〇〇〇フィートというのは日ごろ訓練をしているエチオピアと同じだ」

スヴェンスカブラーデット紙の一九六四年十一月号に、ニスカネンはアベベの勝利を報じた海外の新聞三紙の記事を引用した。

王座に座った近衛兵
アベベ・ビキラ、二度目のワンマンショーで頂点を極める
本日午後、エチオピア皇帝ハイレ・セラシエの親衛隊兵士で、皇帝の秘蔵っ子アベベ・ビキラは歴史的な偉業を達成した。東京オリンピックで、世界屈指の長距離

ランナー六七名を抜き去るという見事なワンマンショーだった。

アベベ、マラソンで二度目の金

水曜日、エチオピアの奇跡の健脚アベベ・ビキラは持ち前の強い意志を発揮して、オリンピックの華、マラソンで二連覇という偉業を成し遂げ、その歴史を塗り替えた。虫垂炎切除手術からわずか三五日後の快挙であることを考えれば、その点でもアベベの優勝は称賛に値する。

〝マスター〟の風格

本当にすばらしいランナーだ。無尽の力と俊足に恵まれたまぎれもないサラブレッドであり、類いまれな聡明さも兼ね備えている。レース展開はまさに〝マスター〟の称号がふさわしい。（略）試合運びや組み立て方にいささかの躊躇も感じられない。孤高を保つように走り続け、そのスピードに誰も追いつくことができなかった。しかし、優勝した当日は目覚めの体操をやっている暇はなかったのだろう。スタジアムで勝利の入場を果たしてテープを切ったとたん、アベベは早速その埋め合わせに取りかかった。

「生涯最良の日にかかわることと、レースで勝つこととは無関係だ」。優勝のあとのことだが、慇懃無礼をきわめた調子でアベベはそんな言葉を口にした。試合が終わってシャワーを浴びているとき、金の結婚指輪をなくしてしまったのが機嫌を損ねた原因だった。その後、エチオピアン・ヘラルド紙は、「浴室を清掃中の東京の主婦が紛失した指輪を見つけ、オリンピック組織委員会に手渡した」と報じたので、アベベも心底安心したに違いない。

アジス・アベバへの凱旋は、四年前と比べても見劣りのしない盛大さで、パレードを祝う数万の人たちで町はあふれかえった。アベベは両手を振って歓声に応え、押し寄せてくる群衆と握手を交わし、数え切れないほどの花束を受け取った。今回のパレードでは大型トラックが使われ、アフリカの地図を手前にあしらった巨大な地球儀のなかから、花冠を頭にしたアベベが現れるという趣向だった。トラックの正面には燃えさかる二本の聖火、その中央には親衛隊の紋章が描かれていた。

一九六一年のときと同様、今回も宮殿にそのまま向かい、ハイレ・セラシエ皇帝はメネリクⅡ世勲章をアベベに授けた。そして、アベベの少尉昇進を告げると、褒賞として個人用のフォルクスワーゲンと住宅を贈った。皇帝はアベベが成し遂げたこの成功は〝神のご加護〟によるものだと述べるとともに、マモの健闘を讃えることも忘れなかった。

引き続いて親衛隊長官主催によるレセプションが催された。アベベが二回目の金メダルを獲得してようやく国中が安堵したと新聞は書き立て、エチオピアン・ヘラルド紙は次のような見解を述べた。「この国には、いまだその潜在能力が埋もれたまま、あるいは見過ごされたままでいる何百人という数のアベベが存在する」

同じ日付の新聞には、アベベの写真が掲載されている。写真のアベベは贈られたばかりの一枚の絵を手にしていた。アベベはどうも落ち着かない様子だ。絵には槍を手にして空を駆る馬に乗った男の姿が描かれていた。「この絵が表現しているのは人の心、象の力強さ、そして世界の関心をエチオピアの国旗のもとに集める馬の脚である」。写真にはそんなキャプションが添えられていた。

第8章　メキシコの失速

盛者のおごり

エチオピアの英雄はいまやアフリカ大陸の英雄になっていた。アフリカのフランス語圏で販売されているジュネ・アフリケ誌の人気投票で、アベベはアフリカで一番の有名人に選ばれ、アジス・アベバでも人気のトップはやはりアベベだった。

アベベは町の名誉になっていた。「すらりとした容姿に端正な顔立ち、羽根飾りのヘルメットをかぶり、飾緒がついた赤い親衛隊のコートを着込めば、その姿は颯爽としてあでやか」と、一九六五年三月のニューヨーク・タイムズ紙は仰々しくもそんな記事を書き立てた。「国の英雄が町を闊歩」「名声と財産を成した毎日を過ごしている。（略）格式の高い社交界にも出入りしている。望みのものはすべて手に入れた」と記事は続く。

男たちはアベベとの同席を望み、酒やごちそうを口実に家に招いた。アベベといっしょの姿が人目にとまれば自分にも箔がつき、名声のおこぼれにあずかれる。女たちにとってアベベは憧れの有名人、有名人の抗いがたい魅力に女たちは引き寄せられていった。アベベも名声がうれしくてしかたがない。だが、その代償は無惨なものだった。かつてたしなむ程度だった酒量は増え、女性に対するあの控えめなしぐさも姿を消した。

次の話は自分のおばがアベベと関係していたという人物が語った。

おばはレストランを経営していて、とてもきれいな人だった。歳は三十代で離婚歴があった。アベベは店に来ては一晩中ウイスキーを飲み、それから二人してよくどこかに出かけていた。一度、交通事故を起こしたことがある。車で壁に突っ込み、おばもけがを負ったがたいしたけがではなかった。店にはいつもレコードがかかり、ティラフン・ゲッセセの曲をよく聞いていた。偉い役人たちに人気の店だったが、おばはくどかれても断ってばかりでいつもアベベといっしょにいた。

歌手のティラフン・ゲッセセはアベベの友人で、一九六〇年のクーデター未遂事件では、拘留されているところをアベベに助けられた。

後年、アベベの友人たちは、アベベの関心はスポーツに限られ、飲むのはミネラルウォーターかコーラぐらいで、聖人のような生活だったと口をそろえて語った。もちろん、本当のアベベとは別人だ。現実のアベベはおだてられるのが大好きで、名声にも浮かれた。東京オリンピックで優勝するまでは、アベベのこんな欠点はきちんと自制されていたが、いまやその自制心もすっかり影をひそめた。「まったく別人だった」と、元陸上トレーナーのベレテ・エルゲティエは言う。

名声にすっかり毒されていた。東京オリンピックの前から女の出入りはあったが、それがだんだん大っぴらになっていった。酔った姿は何度も目撃されていた。しかも、町のいたるところでだ。情けなかったよ。国中が心配していた。

ニスカネンも、アベベとマモ・ウォルデの二人には、酒を控えるようにひそかに注意を与えていた。ニスカネン家のコック、ローマン・レータはそのときの様子を覚えている。二人とも神妙な様子でニスカネンの話を聞いたが、アベベには小言も無駄だった。

タデル・イドネカチュは、自分の父親も同じような注意をアベベにはしていたはずだが、もっと穏便で遠回しな言い方だったろうと考えている。女性問題についても、妻ヨーブダルは知っていたはずだ。しかし、自分の出身に対する引け目と夫に従うのが習わしのこの国では、おそらくヨーブダルも黙って耐えるしかなかったとタデルは言う。
しかし、町でどんな噂が交わされても、厳重に手配されたマスコミ対策のおかげで、地元の新聞や海外のメディアにアベベの噂が漏れることはなかった。事実、その話の出所がニスカネンかどうかはともかく、海外で報じられたアベベに関するゴシップは、ニューヨーク・タイムズ紙に載った〝孝行息子〟という記事だけだった。

家族の伝統に従い、アベベは三十二歳になっても母親には小さな子供のように従順だった。許しがなければ母親の前で腰も下ろさず、タバコも口にはしない。だめと言われれば部屋にも入れなかった。

以前とは違い、このころアベベは自由に使えるまとまった金を持っていた。プーマから渡されていた金のほかにも、定期的に入ってくる収入があったのだ。東京オリンピック後に皇帝から贈られた家の家賃である。ベッドルームが二部屋か三部屋はある家で、建築大学の敷地内にスウェーデン人が建てたものだった。アベベへの贈り物として皇帝がこの家を買い入れ、アベベはスウェーデン人が建てたこの家を、母国の援助をするために滞在しているスウェーデン人に借家として貸し出していた。
当時、家を借りていたのがローランド・アクセルソンだった。アクセルソンの話では、皇帝は家をアベベに〝与えた〟のではなく、おそらくこのころのスポーツ界を支配していたアマチュアリズムに配慮して〝功績に対する報酬〟として授けたのだろうと考えている。集金のため、アベベは三カ月ごとにアクセルソンのもとを訪れた。最初のときは家を斡旋したと思われるニスカネンも同行していたが、その後はアベベひとりで訪れるようになった。

アベベは〝非常にもの静かだった〟とアクセルソンは記憶している。だがそれは、アベベにはヨーロッパ人向けの顔と、気心の知れた同国人に向ける顔のふたつの顔があったという事実をさらに裏付けるものだった。

アジス・アベバの社会では、ほとんどの人間が畏敬の念を抱いてアベベに接していたが、なかにはそうでない者もいた。上流階級に属する者、支配層のエリートたちは、自分たちに比べて生い立ちに劣るアベベにあまり好感は示さなかった。成功したとはいえ、とどのつまりオロモ族の小作ではないか。アベベのことになると、名家の父親は娘の体面を気づかうだけではなく、その出自を考え、努めて娘に近づけないようにしていた。頑固なオロモ訛りのせいでアベベの素性はすぐにわかった。

この国では走ること自体、それほど世間体がいいことではない。奴隷ではないかと疑われ、むしろトラブルを招くことのほうが少なくなかった。馬に乗った主人のうしろを、奴隷や下男たちは走って回っていた。

もちろん、皇帝はアベベの成功を喜んだ。だが、その半面、皇帝自身もうんざりするような事態が起こり始めていた。タファリ・ウォセンはそつのない身のこなしが板についた映画制作者兼ジャーナリストだが、一九七〇年代のはじめは政府の報道部門に勤務していた。エチオピア外交の観点からすれば、身分の低い生まれのアベベが君主たる自分の威光をしのぎ始めていることに、皇帝やその取り巻きは気分を害していたのを記憶していた。

一九六四年十一月のスヴェンスカブラーデット紙にニスカネンは、「アベベ・ビキラとマモ・ウォルデの二人の陸上選手がエチオピアを世界的に有名にした」という記事を寄せたが、まさにこうした発言が皇帝や側近たちを当惑させていた。さらに皇帝の面子をつぶす問題も起きていた。一九六五年三月、アソシエイテッド・プレス紙に次のような記事が載った。「この国で一番偉いのは皇帝ハイレ・セラシエだが、その皇帝を護衛する兵士と同じような王者の生活を皇帝は送っていない」

アベベの身辺にも、アベベが焦燥を募らせ、ますます尊大に振る舞うようになっていくことに気づき始める者がいた。階級をかさに、同僚の隊士には自分は士官だと身分の違いをわきまえさせようとした。しかし、こんなアベベが町を出歩けば、人々は歓声をあげた。

娘のツァガエがその本で、自分の父親を肯定的に描くのはもっともだが、そのツァガエもアベベの振る舞いについて、同僚の士官たちが「不快感をひそかに抱き、身勝手を極めた男だと父を非難し始めていた」と書かざるをえなかった。親衛隊の士官クラブでも、テニス観戦でも、アベベが他人のために席を譲ることなどほとんどなくなっていた。自分は当代きっての有名人——アベベはすでに誰の手にも負えなくなっていた。

そんなアベベにも心配がなかったわけではない。実際、不安にかられてしかたがない問題があった。マモ・ウォルデのことが頭に浮かぶと、アベベはとたんに落ち着きを失っていた。自分のすぐうしろにマモが迫り、手にした王冠はいつ剝奪されてもおかしくはない。こうしたころでもアベベはまだサッカーに興じ、試合になるときわめて攻撃的なプレーを繰り返していた。「父の容赦ないタックルを受けて手ひどいけがを負う者も少なくなかった。常連メンバーも父とプレーをするときは戦々恐々としていた」

言わんとしていることは明らかだ。アベベのようなプレーをお返しして、国宝級のこの選手に万が一けがでも負わせでもしようものなら、厳罰は免れなかったからである。

努力と才能

〝勤務〟について言えば、アベベには仕事というものがほとんどなかった。その代わり、世界中から山のようなファンレターが殺到し、なかにはサイン入りの写真を求める手紙も交じっていた。アベベは雑誌や新聞を読み流したり、取材に訪れた外国の記者や客の応対をしたりしていたが、こうした訪問客には観光客やスポーツ界の指導者、カメラマンなどがいた。おそらくアベベの一番の仕事とは、地方や海外を頻繁に訪ね、現地のスポーツマンや子供たちとの交流を深め、人々の気持ちを鼓舞することにあったのだろう。アベベは忘れがたい印象を会う者に残していた。

だが、東京オリンピックが終わり、一九六八年のメキシコ・オリンピックが始まるまでのこの時期、本人は得意の絶頂にある一方で、競技者としてのアベベはかげりを帯びるようになっていた。日本にはレースでよく訪れていたので、今日でも日本人にはアベベについては好意的な思い出を抱いている人が少なくない。また、このころはほかの国にも遠征の旅に出かけていた。

一九六五年、アベベとマモの二人は、ニューヨークで開催されていた万国博覧会への招待を受けて渡米している。開催記念の一環として走るためであり、エチオピア皇帝から託されていた羊皮紙の書簡をクイーンズ区長のマリオ・カリエロと博覧会関係者に手渡した。ニューヨーク・タイムズ紙はこのときのアベベを〝しなやか〟と形容し、さらに「私がこの町にうかがった目的はただひとつ、（略）それは博覧会のために走ることである」とアベベの発言を紹介している。

これはボストン・マラソンにもう一度参加するのかという質問に対する返事だと思われる。レースはそれから数日後に予定されていた。レースへの参加はともかく、アベベ本人は「とくに決まった予定があるわけではない」が、「野球はぜひとも観戦したい」と語ったあと、メキシコ・オリンピックのマラソンでは必ず勝つと発言を続けた。

「神のご加護があれば、必ず優勝する自信はあります」と言って大きく笑った。

「毎日五キロから一〇キロは懸命に走り続けています」

だが、五キロから一〇キロでは十分な練習量とは言えなかった。それとも、アベベの生活が以前と変わらないものであれば、あるいは結果は出せたのかもしれないが、タファリ・ウォセンは、あとにして思えば、アベベには自分の成功が生まれついてのもの、〝その血に流れるなにか〟のおかげだと思い込んでいたふしがあったと語る。〝練習は不可欠〟ということがアベベにはどうしても理解できなかった。

実際、こうした思い込みはアベベだけではなく、どの世代の競技者にもうかがえるものである。アベベは当時のアフリカ諸国のなかでも、もっとも訓練の行き届いた国の軍隊に所属して、しかもそのなかのエリートとして選抜されていた。「しかし、その彼らにしても自制心がどういうものか理解できなかったばかりに、それを維持していくことができなかった」とタファリは語る。

エチオピアではいまでもこんな話が信じられている。近年活躍するトラック競技の花形選手や、マラソンでいえばハイレ・ゲブレセラシエ、一九九六年のアトランタ・オリンピックの女子マラソンで金メダルのファツマ・ロバなどの選手たちは、アベベのような先駆者の経験を通じて成功やトレーニングを持続する意義を学んだ。しかし、前出のイタリア人マラソン研究家オッターヴィオ・カステッリーニは、現在では誰もそんな話など信じていないと断言する。東アフリカの長距離走者にとってアルコール依存症はいまなお変わらぬ抜きがたい問題なのだ。

とはいえ、アベベは練習を放棄したとほのめかすだけでは公平さを欠いてしまうだろう。本人が意図して誇張したのでなければ、アベベはアソシエイテッド・プレス紙に以下のように話している。午前中に一〇マイルを走ったあと午後は休息。翌日は体力トレーニングと体操。さらにその次の日に一〇～一五マイルのランニング。記事によれば、バスケットボール、バレーボール、テニスなどを二時間行ってから再びランニング。メキシコ・オリンピックにも触れ、「当面のあいだ、私を追い抜くことができる選手は現れない」と語っている。

一九六七年三月、ニューヨーク・タイムズ紙はあらためてアベベを特集した。アベベは記者のエリック・ペースに対し、「もちろんメキシコでは勝つ」と断言した。「走り始めるとほかの選手が見えなくなる。目に映るのは私を追う車（記者たちも乗っている）だけだ」と語っている点が興味を引く。記事では〝頑強〟と形容されているニスカネンがここで話に割り込み、海抜七四〇〇フィートのコースなのでメキシコではこれまでのように走れないだろうが、アジス・アベバは海抜八〇〇〇フィート、ほかの選手に比べ、かなり有利だと答えている。

二年前のタイムズ紙の記事では、アベベは家族思いの聖人のような人間として紹介され、毎晩を次のように過ごしている。「家に着くころにはぐったり疲れ（略）、ベージュ色のヘルメット帽をしまうと、妻ヨーブダルが用意した質素だが肉をふんだんに使った夕食を食べ始めた」。深夜の大騒ぎについては触れず、その代わり、お茶を片手に大好きなテレビ番組〝スーダン人のアリア〟を観て、〝ごくまれ〟に一杯のビールをたしなむのだそうだ。

しかし、朝は違う。六時に起床すると、緑色の練習着を着込み、朝食抜きのままアジス・アベバ周辺の丘で一時間前後のランニングを行う。約一〇マイルの距離を息も切れずに走ったあとは制服に着替えて勤務に出向く。

「肝心なのはトレーニングだ」。アベベはたんたんと語った。「メキシコで敗れるようなことがあれば、相手は自分よりもさらに訓練を積んでいたのだろう」

だが、改めて考えると、練習とは自分しだいのことでありながら、「勝利は神のご加護」とアベベは言い添えていた。いまになって思えば、それはむごたらしいほどの皮肉な運命だとわかるのだが、この発言のあとでメキシコ後の引退についてはまだ決めていないとアベベは語っていた。

「メキシコが終わったら、もう少し強い酒を飲みはじめるつもりだ」。いささか乾いた顔になって、笑いながらアベベはそう言った。「メキシコのあとなら年齢的にもピークを超えているので、酒をたしなむこともたいした問題ではないはずだ」

深夜の焦燥

メキシコ・オリンピックが開催にこぎつけるまでには、アベベ本人ばかりかオリンピックそのものにもトラブルが続いた。まず、アパルトヘイト政策を行っていた当時の南アフリカの参加を巡り、アフリカ諸国のボイコット騒ぎが起こる。エチオピアが先導していたボイコットだったが、南アフリカの参加禁止が決議されるとボイコット騒ぎは静まる。ソ連のチェコスロバキア侵攻（プラハの春）は北欧諸国のボイコットを誘発しかけたが、結局このボイコットも実行されることはなかった。開催国のメキシコでは、学生と警察のあいだで衝突が激化していた。

アベベ自身、このころ一年に及ぶ脚や膝の故障を抱えていた。エリック・ペースに語った強気の記事から四カ月、一九六七年七月からアベベは脚を引いて歩くようになっていた。どうやら膝のうしろ側にあるハムストリング筋の故障が再発したようだった。体育局長のベケレ・ゲザウ大佐の話では、故障箇所はこれにとどまらず、アテネの国際軍人競技会で負ったけがも再び痛み出していたと言う。アベベ本人はたいした故障でなく、マッサージで十分治せるとニスカネンには言い張ったが、病状は確実に悪化していた。

オリンピック開催まであと四カ月に迫ったころ、アベベは一カ月の練習休止を余儀なくされた。その報せが皇帝の耳に及ぶと、アベベをドイツでもトップレベルの病院に送れという命令がただちに下された。一九六七年八月のことで、アベベには費用として六〇〇〇ドルが渡されたものの、患者がアベベということで病院側は治療費の受け取りを辞退した。皇帝は、手つかずの治療費とともに帰国したアベベに下賜金はそのまま取らせておくことにしたが、肝心の脚のほうはドイツでも治すことができなかった。

エチオピアがメキシコに送る代表団は、これまでで最大規模になっていた。陸上一一名、ボクシング五名、自転車五名に加え、コーチと役員五名という陣容である。デブレ・ゼイトでの一カ月間の訓練を終えると、メキシコシティの海抜と気温に慣らすために、同じ条件のアスマラに場所を移してさらに一カ月のトレーニングが続けられた。アベベもアスマラ行きに合わせてドイツから帰国したが、ニスカネンによればアベベの「脚の痛みは続いていた」。練習はゆっくりと再開された。

メキシコ到着後、メキシコシティの通りを走るアベベに、姿を認めた市民から声援が送られた。調子は上向きになり始めていたが、アベベの精神的な負担は高まるばかりだった。ローマのときとは打って変わり、いまやエチオピア国民にとどまらず、世界中で多くの人々が勝利に期待を寄せていた。

だが、こうした期待とは別の理由がアベベの気持ちをとがらせていた。ニスカネンをはじめ、同行したほかのコーチまでがマモのトレーニングにかかり切りになっていたのだ。エチオピアに金メダルをもたらす栄光のバトンを継承するのは、マモ・ウォルデしかいないとみな考えていた。つまり、アベベでは勝てないと、ニスカネンたちはすでに見切りをつけていたのである。

ニスカネン自身、左足のつま先をけがしたマモに対し、三日後に迫ったマラソンに備えて別の種目は棄権させたと書いた文章のなかでこの事実を認めている。一九六九年二月のスヴェンスカブラーデット紙にはこう書かれていた。「アベベ・ビキラが負傷して、この種目でエチオピアの名誉を守れるのはマモ・ウォルデしかいないというのは周知の事実となっていた」

元トレーナーのベレテ・エルゲティエの話では、ニスカネンは下り坂を迎えたアベベの対応に心を砕く一方、東京オリンピックが終わってからはマモに対する指導を強化していた。ただ、その関係には、かつてアベベとのあいだで見られたような親密さは望むべくもなかった。

この話に符合するかのように、タデル・イドネカチュも、メキシコ・オリンピックのころになるとニスカネンさえ「アベベをコントロールできなくなっていた」と証言する。

東京オリンピックが終わると、アベベはニスカネンの言うことなど聞かなくなっていたはずだ。それほどアベベは自信満々だった。ニスカネンもマモの指導をしているほうが楽しそうで、マモなら言うことは素直に聞いてくれる。もっとも、言いようによっては、マモはロボットのようでもあった。マモも酒に溺れてしまうが、それはもう少しあとになってからの話だ。

代表団がメキシコに到着したときの様子をニスカネンは次のように書き残している。「学生と軍警察のあいだで大騒動が持ち上がっていた。単なる小競り合いではない。深夜の路上で繰り広げられる戦争であり、大勢の死人が出ていた」。オリンピックの開催は十月十二日を予定していたが、開催そのものが可能かどうか危ぶむ声もあがり始めていた。

十月二日夜、メキシコシティのトラテロルコの新住宅街にある三文化広場で、軍隊がデモ隊に機関銃や銃剣で攻撃を行い、死者の数は三二五人に達した。デモ隊のなかには、「われわれが望んでいるのはオリンピックではない。革命だ」と叫び続ける者もいた。フランス人ジャーナリストのギー・ラゴルスとロベール・パリアントは、「いたるところに血だまりができ、頭蓋骨の破片や脳の一部が飛び散っていた」と事件直後の様子を報じている。国際オリンピック委員会とメキシコ政府のあいだで緊急会議が招集された。下された決定はオリンピックの断行だった。

レースの一週間前、アベベは右のふくらはぎに痛みと筋肉の引きつりを訴えるようになり、ニスカネンは知人で、東京オリンピックではマモの面倒を見てくれたスウェーデン人医師にアベベを診てもらうことにした。結果は、「筋違いは数日で回復するが、心配なのは痛みのほうで、レントゲン検査をすすめられた」。不安は的中した。

アベベの骨にひびが入っていたのだ。自分が〝古傷〟と呼んだこのひびが、「ドイツで見つかっていれば、大会前に治療は間に合っていたかもしれない」とニスカネンは書き残している。

「アベベの左脚腓骨に初発骨折が発見され、骨の周辺細胞に炎症性の骨膜炎」

通信社が流したニュースは瞬く間に世界中を駆け巡った。

国際オリンピック委員会のフェクロウ・キダネは、この大会ではエチオピアオリンピック委員会の事務局長として同行していた。フェクロウの話では、アベベはさらにフランス人とメキシコ人の医師の診察を受けている。二人の結論はスウェーデン人医師と同じで、競技には参加できるが、当日までベッドで安静にしていなければならないというものだった。

だが、アベベはその指示を無視した。マモやほかの選手たちが練習に出かける姿を見ているのが辛くなったのだろう。それに引き換え自分はベッドでじっとしていなければならない。チームマネージャーは、深夜三時に抜け出してランニングをしていたアベベに気づいていたとフェクロウは言う。

マモが一万メートル決勝で銀メダルを取ったとき、アベベが感じ続けていたプレッシャーは間違いなく高まった。ニスカネンはマモの結果に満足していたはずだ。感動冷めやらぬニスカネンの次のような記録が残されている。

マモの調子は上々だった。（略）二〇周まで先頭グループにいて、それを過ぎたら全力を出すと打ち合わせていた。すべてが計画どおりにいき、残り五周でスピードをあげた。ほかの選手の調子もよかったが、マモにすぐ置いていかれた。ケニアのナフタリ・テムは必死にスピードをあげてきた。二五メートル先をいくマモだが、二人とも疲れを見せないまま、ペースも変えずに残りのラップを走り続けた。だが、テムがその差をじりじりと縮めてきていた。最後のラップを告げるベルが鳴ったとき、マモは全速力、テムもまた全速力だった。残り一〇〇メートルでテムは差を数メートルにまで詰めてきていた。二人とも必死だ。もう数歩の差でしかない。こんな決勝戦を目の前にして観客も我を忘れた。テムがさらに詰めてくる。センチ刻みで差が縮まっていく。ゴール直前だった。テムがわずかにマモを抜いていた。

こうした数センチの差はタイムにして半秒にも満たない。

王者の転落

十月二十日のマラソン当日、「痛みはひかず、老人のように脚を引きずっていた」と、ニスカネンはアベベの様子を記したが、それでも走ろうというアベベの決心に変わりはなかった。だが、その姿はひどいものだった。映像にはげっそりとやつれ、緊張した面持ちのアベベの姿が残されているが、アベベに対する敬意として、メキシコ側がわざわざ〝1〟のゼッケンを用意してくれたことが事態をかえって煩わしいものにしていた。

メキシコシティの大聖堂がスタート地点で、暑くて湿度も高かった。ニスカネンは、次のように振り返る。

はじめのうちエチオピアの三選手は流して走った。しかし、五キロを過ぎるとアベベは先頭集団にいて、マモはエチオピア第三の選手、メラウイ・ゲブルといっしょにわずかに遅れて走っていた。一〇キロを過ぎてもアベベはまだ先頭集団にいた。一五キロ地点でアベベのスピードが落ち始め、脚が痛むのだとわかったので棄権するように忠告した。だが、アベベがレースから下りたのはさらに何キロか走ってからのことだった。マモはこのときまでうしろにいたが、ゆっくりと先頭集団に寄せていく。二五キロ地点ではケニアのテムとともに先頭集団にいて、三番目を走っていた。そして、先頭に躍り出るとほかの選手を徐々に引き離し、金メダルを確実なものにしていった。

レース当日のニューヨーク・タイムズ紙には、ニスカネンの話として、レース前に打ち合わせていたエチオピアチームの作戦が紹介されている。開始早々は〝流して走り〟、それから三人そろって走ることになっていた。ニスカネンの共同コーチと紹介されたネグッセ・ロバは、「どこまで三人いっしょに走っていられるかわからないが、その点は楽観的に考えることにした」。五万人近い警官や軍隊が動員され、押し寄せる群衆を抑え続けていた。コースはそのためいびつに歪んだと新聞は報じている。

（コースは）高級住宅街やビジネス街、みごとな噴水が点在する大通りに沿って設けられていた。走者を苦しめるような丘陵地はないが、雲が比較的少ない空からは太陽が照りつけていた。「日差しとの戦いになりそうだ」。開始から一〇マイルの地点で、先頭集団の一五名が密集して競り合う様子を見て、イギリスチームのコーチ、アルフ・コットンはそう予測した。マモ・ウォルデについてコットンは、「無理のない走りで、早い時期に前に出ていた。しかし、ほかの選手のようにしかけてはこない。ペースを崩さず、用意ができたときに集団から抜け出していった」

娘のツァガエの説明では、アベベはレース前からいつになく不安を感じていた様子だったという。「これまで一貫して認めることを拒んできた敗北感が父にのしかかっていた」

これまでの数年間は、力強い脚と同じように強い忍耐力で優勝記録を伸ばしていた。だが、今日に限ってその脚が不屈の思いをどうしても支えてくれない。そのとき突然痛みが耐えがたいものになった。考えまいとどれほど強く念じても、古傷はさらに悪化して、心から追い払おうとする痛みを執拗に突き付けていた。痛みはズキズキとうずき、目指すゴールから明らかに父を遠ざけていた。（略）一五キロ地点で痛みは耐えがたい激痛となって襲い、意識を失った父は文字どおりレースから転げ落ちてしまった。認めなくてはならない瞬間がついに訪れたのだ。倒れた拍子に脚と手に軽いけがを負っていた。救護班の助けを借りて父は病院に運ばれていった。

アベベは歩き回ることさえ慎むべきだった。ましてマラソンを走ることなどなおさらだった。

「これがアベベ・ビキラの最後の映像です」。解説者がそうコメントをしているシーンが公式映像には残っている。編集の様子から察すると、マモ・ウォルデはすでにこの地点を通過している印象を与えるが、ニスカネンの説明に間違いないがないなら、マモはまだうしろを走っていたころで、ここを通過するのはアベベが棄権した〝あと〟でなければならない。

そして、以上の事実に間違いがなければ、沿道に座り込んだアベベが通過するマモに向かい、「走り抜いて勝ってくれ」と感極まって声をかけたという秘話にも信憑性が加わる。おそらく、アベベの人生でこのときほど辛い瞬間はなかった。だが、その辛さも、帰国後、アベベに待ち受けていた苦痛と厳しさに比べれば、ほんのさわりでしかなかった。

マモのタイムは二時間二十分二十六秒四、悪い記録ではないがアベベのベストタイムには及ばなかった。二位の君原健二には三分の差をつけていた。銅メダルはニュージーランドのマイケル・ライアン。エチオピアの三人目の選手メラウイ・ゲブルは六位だった。マモは故郷に錦を飾った。

マモ・ウォルデとの確執

アベベとマモの関係はひとすじ縄で説明できるようなものではなかった。オリンピック出場はマモのほうが早く、一九五六年のメルボルン大会から参加した。最後の大会は一九七二年のミュンヘンで、このときはマラソンで銅メダルを獲得している。アベベは身体が麻痺して車いすの生活を余儀なくされ、ミュンヘンでは横から見守っているしかなかった。

奇妙に思えるのは、マモがのちにこんな発言をしている点である。「アベベ・ビキラがいたから私は走ることができた。アベベこそ私の手本だった」。このコメントが奇妙に響くのは、アベベこそ、メルボルン帰りのマモたちを目にして、マラソンを走ることを決意していたからだ。

今日、二人の関係を巡っては二通りの説がある。ひとつは、二人は古くからの友人で、ライバルというような関係ではなかったという説。レースでは互いに競うことはあっても、限られた頻度の競技であればなおさらだ。そして、もうひとつの説とはこうである。エチオピアに君臨するマラソンの英雄をいつかマモが王座から追い落とすのではないか、アベベはそのことに絶えず神経をとがらせ続けていたというものだ。

エチオピアの陸上ヘッドコーチ、ウォルディメスケル・コストレの話では、アベベとマモがレースやトレーニングでいっしょに走るときなど、アベベはマモに向かって腕を振り上げ、「さがっていろ」と叫んでいた。陸上競技の点から言えば、アベベは積極性に優れ、マモは才能に勝っていた。その二人が頻繁に言い争うようになり、メキシコ・オリンピック間際のころには両者の関係はすでに手の施しようもないほど悪化し、顔を会わせてトレーニングをすることもほとんどなかったという。ワミ・ビラツも二人のあいだには〝反感〟がわだかまっていたと証言する。

だが、メキシコで金メダルを獲得したマモはいつになく寛大だった。優勝直後の発言として、こんなコメントがニューヨーク・タイムズ紙に掲載された。「アベベは調子が悪かった。（略）よければ自分がアベベを抜くことはできなかった」

前出のマラソン史研究者、オッタヴィオ・カステッリーニは、アフリカの長距離ランナー、とくにケニアの選手の研究に詳しい。カステッリーニの見解では、トラックを一歩離れれば友人として交流できる競技者も、二人がトレーニングあるいは競技を始めた瞬間にそれは〝戦闘〟に一変する。カステッリーニによると、これは東アフリカに伝わる〝戦士の魂〟という気質にかかわるもので、トラックで繰り広げられる彼らの戦いを、ヨーロッパや他民族に見られる競争心と比較してもまったく意味はないと指摘する。

実際、アベベとマモのあいだに起きていたのは、おそらく二人の関係が性質を変え、いくつもの局面を経過しつづけていたということなのだろう。ベレテ・エルゲティエもはじめのうち、二人は仲のいい友人だったと言う。もちろん、それはトラック外でのことだろうが、こうした事実はカステッリーニの説を裏付けるものである。

しかし、一九六〇年代を経るにしたがい、二人の友情には亀裂が生じていく。東京オリンピックに先立ち、デブレ・ゼイトで行われた選抜レースの決勝戦を思い返せば、アベベはマモを破ったとはいえ、わずか一秒差の辛勝だった。オリンピック本番でマモの挑戦を阻んだのは、レース中の負傷という単なる不運にすぎなかった。ベレテの話では、二人の不仲は町中の噂になっていたらしい。

アベベにとってメキシコでの棄権は耐えがたい屈辱だったかもしれない。だが一方でこの出来事は、二人の友情には仲裁にも似た機会をもたらすことになった。一九七二年のミュンヘン・オリンピックは、テロリズムの恐怖に見舞われた不運な大会*訳註だったが、アベベは車いすで大会に参加し、マモを含むエチオピアの仲間たちに向かい、祖国のために健闘してほしいと声援を送っている。

残念ながら、二人いっしょに写った写真からは、それぞれが互いをどのように意識していたのか手がかりを得ることはできない。写真のほとんどは、二人とも笑顔で応じ合っているものばかりだ。しかし、一枚だけだが例外がある。それはメキシコから帰国したときを写した写真だった。頭に花冠をいくつも載せたマモは、喜びと晴れやかな笑いで満面のイドネカチュ・テセマと手を取り合っている。イドネカチュはローマ大会、東京大会同様、このときもエチオピア代表団を引率していた。

そのマモの顔は驚くほど険しい。マモのうしろには、杖の助けを借りて歩いているアベベがいた。憔悴しきった様子で誰かに向かってなにか説明をしている。見えるのは目と鼻だけだが、ニスカネンも写り込んでいる。エチオピアスポーツ界の〝黒幕〟は、それにふさわしく目立たない場所に自分の姿を隠していた。

マモとの関係は明らかにアベベの人生の中心をなすものだった。ニスカネンとの関係がアベベという人間を形成したように、マモとの関係はまた違った形でアベベに影響を与えた。一九九三年から二〇〇二年のあいだ、マモは亡くなる数カ月前まで獄中生活を送っている。皇帝ハイレ・セラシエのあとを襲ったメンギスツ政権下、革命派のテロが横行したこの時代、ある処刑にマモが関与していたという容疑だった。マモは容疑を否認しつづけたが、この投獄があったばかりに、マモの話、アベベとの関係についての話を本人から聞く機会はついに得ることができなかった。

イドネカチュ・テセマの息子タデルは、脚の故障はいろいろな意味でアベベに格好の口実を与えてくれたと言う。どんなに優秀な選手であっても、かつてのように競技ができなくなったとき、否応なく必要とされる口実である。「アベベがメキシコで勝てないのはみんな気づいていた。アベベの私生活の変わりようはあまりにも極端すぎた」

アベベはひと晩にウイスキーを五杯か六杯は飲んでいた。昔は一日に二〇キロは走って、そのうえどこに行くにも歩いたものだが、それが車に代わった。東京オリンピックのときはまだ若かったから問題はなかったが、メキシコ・オリンピックのころになるともうだめになる一方だった。

メダルは逃したものの、帰国したアベベは再び昇進して大尉になった。マモが勝利したあと、ニスカネンは一九六九年二月のスヴェンスカブラーデット紙に次のような奇妙に冷めたコメントを寄せているが、おそらく自分が育てたかつてのチャンピオンに対する失意の思いが反映しているのだろう。「エチオピアのキャンプは喜びとお祝いのムードに包まれていた……」

アベベを見舞った不運を残念に思いながらも、マモの成功は心から喜んだ。その思いを「王はみまかられた。新しき御代に栄えあれ」とたとえることができるかもしれない。だが、これでアベベのマラソン人生が終わったとは誰も考えていなかった。治療に専念すれば、アベベは再び走り始めるものと思っていたし、一九七二年のミュンヘン・オリンピックの練習をアベベが始めたとしても別に驚きはしなかった。

アベベもミュンヘンではもう一度勝ちたいと言っていた。だが、アベベの思いは二度とかなえられることはなかった。

＊訳註　一九七二年、西ドイツのミュンヘン夏季オリンピックの開催中、パレスチナの武装組織「黒い九月」が選手村のイスラエル宿舎を占拠、人質一一名が殺害された。

第9章　それぞれの墓碑銘

奇跡を信じて

一九六九年三月二十三日日曜日、事故当日の朝、アベベはワミ・ビラツとともに親衛隊司令部に面したジャン・メダ競技場でトレーニングをしていた。その後、テニスを楽しむと、別の友人を交えてミネラルウォーターを飲んで時間を過ごした。これから母親の出身地メンスの町に向かうが、いっしょに行かないかとアベベは友人に声をかけている。車でワミを家に送りとどけたあと、途中、この友人と言い争いになって相手は車から降りている。結局メンスにはアベベひとりで出かけた。

メンスからの帰り道の午後九時、アベベはデブレ・ベランのバーにいたのを目撃されている。そのあとのことだった。アジス・アベバから五五キロ離れた場所でなにかが起こっていた。雨が降って道路は濡れている。アベベを乗せたフォルクスワーゲンは転倒して、アベベはそのまま車内に閉じ込められていた。[5]翌朝、通りかかったデブレ・ベラン発の始発バスが車を発見して、アベベはただちにアジス・アベバの親衛隊病院に搬送された。

友人のハイル・アベベは病院にアベベを見舞った。病院でハイルは、アベベの昏睡は四日間続いたという話を聞かされる。だが、ツァガエの話では、父親が意識をなくしていたのは病院に担ぎ込まれてから四時間でしかない。意識が回復したアベベは、反対方向から猛スピードでやってくる車を避けようとハンドルを切ったときに車が転倒したとハイルに説明した。以下はツァガエの本に書かれているアベベの説明である。

小川の小さな橋にさしかかろうとしていたとき、ヘッドライトを上向きにして反対方向からランドローバーが走ってきた。信じられないようなスピードを出していた。パッシングして警告したが、相手はスピードを落とそうともせず、こちらの車線を突き進んでくる。道路脇に逃れて、正面衝突を避けようとハンドルを切ったときだった。車が転倒した。あとのことは覚えていない。

この事故に不審な点があるという説を、ワミ・ビラツとハイル・アベベの二人は否定する。おそらくそれに間違いはないのだろう。同様に、ツァガエの本に書かれた説明が真実かもしれず、また事故はアベベの飲酒が原因で起きたのかもしれない。真相は誰にもわからない。だが、噂は野火のように瞬く間に広まった。

噂の要点はいずれも同じで、妻を寝取られた男が嫉妬のあげくアベベの命を狙ったというものだ。ほかにもこんな噂が囁かれた。事故は隠蔽工作で、実はアベベは銃撃されたのだ。言うまでもないが、こうした説を証拠立てるものはひとつも明らかにされていない。にもかかわらず、こんな噂が根強く信じられた事実は、アベベのふだんの行いがどうだったのか、それを如実に物語っている。

事故から数日して、親衛隊病院のオーストリア人医師、クルト・ヴァイトハーラ博士はアベベの負傷は第七頸椎の脱臼と公表した。損傷は多少なりとも軽減できたかもしれないが、アベベはもう二度と歩くことはできなかった。事故から二カ月間、アベベは頭部や首さえ動かせずにいた。

入院三日目、皇帝ハイレ・セラシエとイドネカチュ・テセマの二人がアベベのもとを訪れている。皇帝はアベベをイギリスに転院させよと命じた。病院を出た二人は、そのまま通りを五、六キロ歩き続けて帰っていったと、現在、国際オリンピック委員会に勤務するフェクロウ・キダネは言う。

皇帝がこうして出歩くのはそれほど珍しいことではなかったようだが、このとき皇帝は深い物思いに沈んでいる様子だった。もし、アベベがマラソンで優勝しなければ、車を運転することもなく、こうして入院することもなかったとフェクロウは思いを巡らせている。

三月二十九日朝六時十五分、皇帝の命令に従い、アジス・アベバからイギリスのストーク・マンデビル病院にアベベは運ばれた。ここは半身不随の治療ではイギリスでも有数の施設である。憔悴しきったアベベの姿を写したこのときの映像が残されている。ニスカネンも見舞いに急いだ。アジス・アベバの町では噂が再び駆け巡り、今度はアベベの死亡が囁かれていた。ニスカネンは、アベベの声を録音してアジス・アベバに戻ると、ラジオで流して根も葉もない噂を一掃した。

アベベが入院してまもなく、ストーク・マンデビル病院の医師たちはアベベが模範的な患者だという声明を発表した。両腕もいくぶん動かせるようになり、左右の手もわずかだが動くようになっていると言葉を添えた。しかし、深刻な損傷であることに違いはなく、アベベが寝ていたベッドには、二時間おきに自動的に体の向きを変える特別な装置がつけられていた。入院から数日して、エチオピアン・ヘラルド紙も、アベベの病状は頸部の骨折、脊椎の重度な負傷とかなり正確な記事を報じている。

アベベはストーク・マンデビル病院で八カ月過ごした。有名人の入院に、エリザベス女王もアベベの病床を見舞った。フェクロウ・キダネがイドネカチュ・テセマをともなってアベベのもとを訪れたときだが、病室には三〇〇〜四〇〇通の手紙とアベベの回復を願うカードが届いていた。「手に取ってみるとアメリカのニクソン大統領からのもので、ナイジェリアのヤコブ・ゴウォン将軍のカードもあった」

アベベがエチオピアに戻ったのは一九六九年十二月一日のことだった。イギリスで打てる手はすべて打ち尽くされ、これ以上の治療は望みようもなかった。帰国の数日前、アベベはもう一度車の運転を始めると宣言し、そのためには特別仕様の車が必要だと朗らかに将来の夢を語った。

帰国した空港では暖かい歓迎が待っており、集まってくれた人たちにアベベは手を振って応えた。ツァガエは「父を出迎えるために集まっていたのだが、どの人も、泣き出してしまうか、悲しみで押し黙ってしまうほかはなかった」と書いている。アベベもこみあげてくる思いと過去の栄光を思い返して顔を伏せ、そのまま泣き出していた。

帰国したアベベはそれから一年を親衛隊病院の特別室で過ごした。もう二度と歩けないと、医者たちにはわかっていた。だが、アベベはそれを運命として受け入れることがどうしてもできなかった。当時、ニスカネンはすでに全アフリカ・ハンセン病リハビリテーション研修センター（ＡＬＥＲＴ）の事務局長に就任していたので、センターで働くスウェーデン人の理学療法士をアベベのもとに派遣して週二回の治療に当たらせていた。療法士はマルガレータ・エングハルドといい、すでに三〇年近くが過ぎたいまもこの困難な時期のことは覚えていた。

アベベがもう二度と歩くことができないのは私も知っていました。脊椎の病状はそれほど重傷でしたから。でも、アベベはどうしても自分の脚で歩くことをあきらめようとはしません。自分は奇跡を起こせると心の底から信じていました。脚に装具をつければ立ち上がれるのですが、それは平行棒につかまっているときだけ。車いすで過ごす人生は、アベベにはとうてい受け入れられるものではなかったのです。でも、努力するのならそういう生活に慣れることにエネルギーを向けるべきだったし、それができるように祈るべきでした。どこに行くにも車いすで押されていくばかりで、トイレもひとりで済ますことはできません。食事は自分でできたけれど、あとはすべて人任せでした。スウェーデンで暮らしていれば、アベベもずっと楽に生活することができたんでしょうね。

一年後、アベベは自宅に戻った。妻ヨーブダルと四人の幼い子供たちとの生活が始まった。闘病生活でアベベはすっかり面変わりして、頬にはひげが伸び、体重も目立って増えていた。エングハルドの治療はその後もアベベの自宅で続けられた。「優しい人でした。でも、本当に辛そうで、ふさぎ込んでばかりいました。自分ではどうしようもできないのですから」

一九七一年、仏レキップ紙の記者ギー・ラゴルスはアベベにインタビューするためエチオピアを訪問した。ラゴルスはローマ大会では競技者としてアベベに会い、またメキシコ・オリンピックには記者として取材で訪れていた。たずねてきたラゴルスにアベベは次のように語っている。

もう二度と走ることも歩くこともできない。はじめのうちは簡単に馴染める考えではありませんでした。実際、いまも私は受け入れてはいません。すべては神様の思し召しですから、なにが起こるかわかりません。見込みはないと医者は言い、打てる手がまったくないのも事実です。しかし、歩けるかどうかは神様の思し召しだい。人にはなにもできません。

なんで自分ばかりがこんなひどい目にあわなければならないのだ、本当に不公平ではないかとはじめは思いましたよ。しかし、いまではこんな風に考えています。身体が丈夫なとき、人生は私に本当に多くのものを授けてくれました。幸運と栄光の機会に何度も恵まれ、自分は人生を思うがままに生きているのだと、そう胸を張って答えられる時間を過ごしていました。

身体が思いどおりにならないというのは向き合うのも辛い試練で、もし神様を信じられなければ、私は生きていく気力さえもつことはできなかったはずです。一日一日がまぎれもない苦闘の連続で、これに比べればマラソンなど足もとにも及ばない。声援を送ってくれる観客もおらず、手にする栄誉もないまま私はいまもその試練と戦っています。

二つの死

アベベが再びその脚で立つことはなかったが、しかし、少なくとも心の強さはある程度まで取り戻していたのは確かだった。自宅ではストーク・マンデビル病院で習い覚えた運動を続けていた。一九七〇年七月、アベベは第十九回ストーク・マンデビル車いす競技大会に参加してアーチェリーと卓球に出場したが、この競技会はパラリンピックの先駆けとなるものである。

一九七一年四月、アベベはノルウェーで開かれた身体障害者を対象にした競技会に招かれている。当初は観戦を目的に招待されたが、現地入りしたアベベは自分も競技に参加することを表明する。アーチェリーと卓球に出場した。なかでも印象的だったのは一六名の選手が参加した犬ぞりレースで、驚いたことにアベベは一時間十六分十七秒で完走して一位に入賞した。暖かそうな防寒具に身を包み、笑顔のアベベを写した写真が残されているが、抱いているのはおそらくそりを引いてアベベを優勝に導いてくれた犬なのだろう。滞在は一カ月に及んだが、その間、ノルウェーの各地を訪れ、また国王じきじきの訪問を受けることができた。

帰国後、エチオピアではアベベを顕彰し、その名を冠したスタジアムがアメリカの資金援助のもとで建設された。アベベはここを身体障害者も利用できる施設として使うことを主張する。エチオピアにおける身障者のスポーツ連盟設立にもアベベは一役買っていた。一九七二年にはミュンヘン・オリンピックに貴賓として招かれている。大会開催の当日、スタジアムに現れたアベベを観客は総立ちになって割れんばかりの拍手で迎えた。西ドイツ首相ヴィリー・ブラントも宿泊しているホテルを訪れてアベベと挨拶を交わした。

レキップ紙の記者、ロベール・パリアントはローマ大会でもアベベを取材したが、ミュンヘン大会では「アベベはベツレヘムを訪れた東方の三博士のひとりのようだった。博士は車いすに封じられていたが、まれにみるほどの高貴なたたずまいがとりわけ人目をひいた」と書いている。アベベのランニングシューズをはじめて作った鬼塚喜八郎もこの大会でアベベと会い、「哲学者のような風貌はそのままだった」とパリアントと同様な印象を抱いていた。

ミュンヘン・オリンピックから一年後の一九七三年十月二十五日にアベベは亡くなった。死因は脳内出血で、事故を遠因とする合併症だった。亡くなる二日前、胃の痛みを訴えており、ツァガエの話では、「父はベッドに運ばれて安静にしていた。その直後だった。父が目を閉じた。まるで眠りにつくようだった」。ただちに病院に担ぎ込まれた。枕もとを皇帝が訪れ、イギリスに送って治療させよという指示が再び出されたが、すでに手の施しようはなかった。翌二十六日の深夜一時三十五分に息を引き取ったことが確認された。後日のことになるが、ニスカネンは甥のウルフにこう語った。事故がアベベを壊してしまった。「アベベは悲しみにくれながら死んでしまった」

翌日、新聞各紙もアベベの死を伝えたが、奇妙だったのはいずれもアベベの年齢を四十六歳としていたことである。四十六歳のはずなら、アベベはそれまで信じられていた一九三二年ではなく、一九二七年に生まれたことになる。さらに奇妙な点はアベベの墓碑に刻まれた一九三三年という生年だ。ローマ大会で優勝したとき、アベベは二十八歳と公表された。二十八歳から逆算をすればアベベの生年は一九三二年のはずだ。

いずれにしろ、アベベは一九三二年に生まれ、わずか四十一歳で亡くなったと考えても実年齢とはそれほど大きくは離れていないだろう。

アベベが埋葬されたのは亡くなってから六日目のことだった。軍葬に従って執り行われた国民的英雄の葬儀には、皇帝の姿もあった。セント・ヨセフ教会で式が済むと、亡骸はデブレ・ゼイトの道沿いの墓地に埋められた。親衛隊が金メダルを捧げて葬列に付き従っていた。「エチオピアの国民だけではなく、アフリカのすべての人々がアベベの死を悼んで悲しみに沈んでいる」とイドネカチュ・テセマが弔辞を読み終えると、墓前にはつぎつぎと花輪が捧げられた。追悼帳が弔問に訪れた人たちのために置かれていた。エチオピアン・ヘラルド紙は次のような記事をのせた。

> もう二度とアベベ・ビキラを目にはできないが、その輝かしい業績はスポーツ史に燦然として輝く金字塔に刻み込まれている。故人を敬愛してやまない数万のファンの胸にうちにアベベは永遠に生き続けていく。エチオピアやアフリカ、全世界のスポーツ界にあまねく捧げられた並外れた功績。人生で直面した困難には、微笑を絶やすことなく不屈の意志と勇気をもって立ち向かっていく手本を示した。なによりも生まれながらのスポーツマンであり、成功にはおごらず、困難には毅然とした決意で臨み、敗北を喫しても取り乱すことはなかった。

同じ日のエチオピアン・ヘラルド紙には、皇帝ハイレ・セラシエ一世の在位四三年を記念する、各企業から寄せられた奉祝の広告が掲載されていた。しかし、皇帝の威光にもすでにかげりが兆していた。この年の夏以降、エチオピア北部は深刻な飢饉に見舞われて壊滅的な状況に陥っていたが、政府は事実の隠蔽を図ることに腐心し、飢饉の存在を世界中の目からおおい隠した。それから一年、軍事調整委員会《デルグ》と呼ばれる軍内部の革命委員会の動きが活発になり、皇帝の周辺にもその手が及ぶようになると、側近がひとりまたひとりと拘束されていく。年老い、取り乱した皇帝には抵抗を試みる力はもはやなかった。

運命のいたずらなのだろうか、皇帝もまたアベベと同じ運命をたどるかのようにフォルクスワーゲン・ビートルに閉じ込められて最期を迎えた。一九七四年九月十二日の明け方、皇帝を前に廃位の宣告書が読み上げられると、それから数時間後、皇帝はフォルクスワーゲンに押し込められて宮廷をあとにした。「予を愚弄するのか」。車を目にした皇帝は絶句したという。「このようにして宮殿を出て行かなければならないのか」。だが、皇帝にはそれを受け入れるしか術はなく、事実、運命が命じるままに車に乗り込んだ。

皇帝が死亡、すなわち暗殺されたのは一九七五年八月二十七日のことだった。そして、軍事調整委員会*訳註の指導者として登場した人物こそ、独裁者メンギスツ・ハイレ・マリアムにほかならなかった。

アベベの死後、残された一家は、エチオピア人実業家アベソロン・エディゴの厚意に助けられてきた。アベベのために立派な墓地を用意したのもアベソロンで、墓地にはアベベの像が建てられた。未亡人となったヨーブダルの生活が成り立つように、アジス・アベバの国立競技場にスポーツ用品店を開業できたのもアベソロンのおかげだった。二〇年以上が過ぎたいまも店は続いているが、さすがに老朽が目立っている。

もともとスポーツ用品店だった店は、いまでは大半が喫茶店として使われ、店内もうらぶれてしまった。二〇〇二年、マモ・ウォルデが亡くなったときもやはり同じような墓所を建て、マモの功績を讃え、アベベの横にその像を用意したのもアベソロンだった。

アベベの名前はいまでも多くのエチオピア人が変わらずに記憶にとどめている。時間とともに思い出が風化することはなかった。

最後の地

残った人生のほとんどをエチオピアで過ごしたあと、ようやくスウェーデンに戻ったニスカネンだったが、帰国後ほどなくして亡くなった。エチオピアで革命が勃発したとき、予期しない事態にたしかに驚いていたようだが、ニスカネンの見通しはかなり楽観的だった。だが、赤色テロが本格化するにつれ、甘い見通しも砕け散っていく。古くから知人だったエチオピア人たちが逮捕され、命を絶たれていった。

かつてアジス・アベバの社交界であれほどの輝きを放っていたニスカネンだったが、すでに精彩は失われ、世間から忘れ去られたとはいわないまでも、その影はすっかり薄れていた。エチオピアを飲み尽くした混沌は、自分が人生を懸けてやってきたことをすべて無に帰してしまったとニスカネンは考えていた。そして、アワサにある自分の地所が共産主義の新政権に収用されることを恐れていた。ニスカネンはこのころ、アジス・アベバの宏壮な屋敷に住んでいた。

当時、「レッダ・バーネン」―セーブ・ザ・チルドレン・スウェーデンの事務局長を務めていたハーケン・ランデリウスは、ニスカネンの最晩年の様子を間近かで見ており、ニスカネンの健康状態はかなり悪化していたことを記憶している。「心臓も胸も弱り、長年にわたって身体を酷使してきたせいで、折れたことのない骨などほとんどありませんでした。機関車のような人で、とにかく前に進むことしかできなかった」

いずれアワサに落ち着くことをニスカネンは計画していました。しかし、新しい家は完成したものの、アジス・アベバの家は没収されてしまう。ニスカネンもこれにはまいったようで、本当にがっくりしていました。建築大学に越しましたが、新しい庭に花が咲きほころぶようになると、以前のようにここが仲間たちのたまり場になりました。もちろん、サウナはありましたよ。

世間から身を引いた生活を送っていたニスカネンだが、新政権の政治家たちがその存在を忘れることはなかった。これだけ長きにわたってエチオピアに住み続けていたニスカネンである。おそらく新政府の要人の大半については、少年時代から知っていたのだろう。メンギスツはもとより、軍事調整委員会のメンバーのなかにも一度はニスカネンの世話になった者が何人かいた。だから、メンギスツの異父兄弟で大臣のカッサ・ケベデの要請を受け、ニスカネンが孤児の救済活動に手を貸したのも驚くほどのことではなかった。そして、この活動はニスカネンがエチオピアで手がけた最後の事業になった。

一九八〇年、ニスカネンの健康状態が急変する。タバコを片時も切らしたことのないニスカネンは、このころまぎれもないチェーンスモーカーで、長年の喫煙が原因で肺気腫を患い、呼吸不全に苦しんでいた。高地で空気の薄いアジス・アベバに住んでいるため、症状はさらに悪化したが、ニスカネンにはスウェーデンに帰るつもりなどなく、エチオピアで骨を埋めることを望んでいた。

しかし、一九八三年の終わりになると、そんなことなど言っていられないほど病状は悪化していた。帰国したニスカネンは、スウェーデン中部の町ウプサラに住む弟のエリクの家に一時身を寄せたが、酸素吸入が必要なため、病院生活を送らなければならなかった。

このころのことだが、ニスカネンはバルブロ・エルゲティィエのパーティーに車いすに乗って顔を出している。バルブロ・エルゲティィエは、元陸上トレーナーのエチオピア人、ベレテ・エルゲティィエと結婚したスウェーデン人女性で、ジャーナリストであるとともに評論活動も行っていた。バルブロ・エルゲティィエはニスカネンについて次のように語る。

ニスカネンは私の手を取って、どうか自分の回想録を書いてくれと懇願していたわ。頼まれたのはこれで三度目だった。一度目は六〇年代のことで、次が七〇年代、このときで三回目。私はね、気が進まなかったのよ。ニスカネンは自分で書かなかったことをとても後悔していたわ。名前を残したかったのね。新聞で大きく取り上げてほしかったのよ。

そんな病状にもかかわらず、ニスカネンはアジス・アベバに帰ると言い張った。大切な約束が残っていたのだ。一九八四年一月、アジス・アベバではアベベの功績を記念したマラソン大会の開催が予定されており、その準備と大会を見届けるためにどうしてもエチオピアに戻る必要があった。

だが、そうまでして戻ったエチオピアだったが、病状はさらに悪化して、今度は肺炎を起こして病院に担ぎ込まれた。ここで一週間過ごしたあと、救急輸送の飛行機でスウェーデンに送還された。ニスカネンが最後の昏睡に陥る前、その枕もとをハーケン・ランデリウスが訪れている。「アジス・アベバへの出発を控えていたので、帰ったらすぐにまた顔を見せにくると約束すると、ニスカネンはうっすらと笑っていました。そんな機会など二度とないことに気がついていたんでしょう」

ニスカネンが息を引き取ったのは一九八四年三月二十日のことだった。四月九日、姪でスウェーデン初の女性司祭になったマリアンネ・ソーターマイスターがソルナの町でニスカネンの葬儀を執り行った。

ストックホルムの北にある郊外のこの町に、ニスカネンの父親が家族を連れて移り住んだのは一九一三年のことだった。

＊原註

5　事故現場についてはアジス・アベバから七〇キロから七五キロとしている説もある。

＊訳註　一九七四年のエチオピア革命で帝政は崩壊、その後、軍部が台頭して社会主義国家の建設が進められる。首班となったメンギスツ・ハイレ・マリアムは徐々に独裁色を強め、知識人や学生を弾圧、軍部の粛清によって約五〇万人が殺害されたといわれる。

謝辞と注記

本書の取材の大半は一九九七年から九八年に行われ、ようやくこのような形にまとめることができた。アベベ・ビキラとオンニ・ニスカネンの話を聞くため、エチオピア、ローマ、スウェーデン、フランス、国際オリンピック委員会があるスイスのローザンヌとインタビューは続いたが、取材にはどなたにも快く応じていただいた。とりわけニスカネンのご一族には感謝したい。お会いしたなかにはすでに物故された方もいる。

ストックホルム在住のジャーナリスト、ロレンゾ・ネジは自身もマラソンランナーで、ニスカネンに関する貴重な資料を調べてもらった。また、ニスカネンの姪マリアンネ・ソーターマイスターは、二〇〇八年、前回の取材でお会いできなかった親戚との面談を改めて取りはからってくれた。

アベベの娘ツァガエ・アベベは、父親と死別したときにはまだ子供だったが、その父親をテーマに『トライアンフ・アンド・トラジディー』という興味あふれる本を刊行している。本書でも何カ所か引用させていただいたが、転載を許してくれたツァガエに改めてお礼を申し上げたい。

また、フィガロ紙の特派員ルノー・ジラールの協力がなければ、そもそも本書を書く機会はなかった。

とくに有益な助言をいただいたのは、タデル・イドネカチュ・テセマで、氏の父親イドネカチュ・テセマは、エチオピアはもとよりアフリカ諸国のスポーツ振興に欠かせない役割を果たした。その業績と当時の事情についてはウェブサイト（http://www.saintgeorgefc.com：編集部注・リンク切れ）でさらに詳しく知ることができる。

取材にご協力をいただいた方、インタビューに応じていただいたほかの多くの方々については、巻末でお名前を一覧に記した。

ひと言説明しておきたいのは、エチオピアの姓名と時間の表記についてである。エチオピアには名字がなく、それぞれの名称は本人の名前と父親の名前の併記からなっている。つまり、アベベ・ビキラは「ビキラの息子アベベ」という意味になる。

また、アベベの生涯をたどるとき、話し手や話題によって日付がそれぞれ異なることがあるが、日付にこうした混乱を招いている理由のひとつは、この国がエチオピア正教会に基づく独自の暦を使用していることが考えられる。もともとこの暦は古代エジプトで使われていた暦法をもとにしている。一年のどの時点で比べるかにもよるが、時期によってはグレゴリウス暦（西暦）を使用する国に比べて、七～八年の〝遅れ〟がエチオピアのカレンダーには生じている。

たとえば、エチオピアが紀元二〇〇〇年のミレニアムを祝った年は、グレゴリウス暦の諸国では二〇〇七年九月十二日のことだった。しかも、エチオピアの一年は十二カ月ではなく十三カ月。さらに十二時間制の時間表記が事情をますます複雑なものにしており、ヨーロッパの午前七時はエチオピアだと午後一時、正午は午後六時になるという具合である。

出版元のルポルタージュ・プレスの他の刊行物同様、本書でも売り上げの一部がチャリティーに寄付される。本書の場合、国際援助団体の「レッダ・バーネン」――セーブ・ザ・チルドレン・スウェーデンが行っているエチオピア支援事業に対してであり、寄付先としてここを選んだのは、実は一九七二年から八一年のあいだ、ニスカネンがこの団体の代表を務めていたからだった。「レッダ・バーネン」へのニスカネンの助言は終生変わることなく続いた。

スウェーデン本国のセーブ・ザ・チルドレンとそのエチオピア支部は、緊密な協力関係のもとで事業を進めており、エチオピア支部は自分たちがなぜこのような活動を推し進めているのか、その理由を次のように説明する。

エチオピアに生まれた子供は、世界でも最貧とされるこの国で生きていかなくてはなりません。国民のほとんどはいまだに農業で生計を立てていますが、生産性は低く、豊作の年であっても数万世帯は食べることさえままならないのです。凶作が数年続けば飢餓が広がり、たちまち食糧危機に陥って栄養障害が蔓延してしまい、この状況は、公共事業、たとえば保健医療、教育制度、上下水道などの不備によってますます深刻化しています。さらにＨＩＶ／エイズが国中で猛威をふるい、ＨＩＶの感染者数は世界第三位が現状なのです。また、あまりに早すぎる結婚、あるいは女性に対する性器切除といった有害な習わしが根絶されることなく、いまなお広く行われ続けています。

セーブ・ザ・チルドレン・スウェーデンは、子供の権利保護団体としては世界屈指の団体であるセーブ・ザ・チルドレン世界連盟と連携しており、アフリカでは一九六〇年代から活動を始めた。現在、ケニア、セネガル、南アフリカの三カ所にあるアフリカの現地事務所は、アフリカ大陸の二七カ国、一万を超える支援組織の活動を援助している。

＊登録福祉団体セーブ・ザ・チルドレン・スウェーデン　www.rb.se/eng

二〇〇八年　ロンドン

ティム・ジューダ

取材源

エチオピア在住のスウェーデン人向け新聞、スヴェンスカブラーデット紙とスウェーデンのスポーツクラブ、デュッボＩＫの刊行物からは貴重な話を得ることができた。オンニ・ニスカネンはこうした刊行物に自分の近況やアベベに関するニュースを定期的に寄稿していた。また、詳細な部分についてはエチオピアの英字新聞エチオピアン・ヘラルド紙や英仏の各新聞、ニューヨーク・タイムズ紙などを参照している。

以上の資料では不十分な点についてはインタビューで補った。そのほとんどは一九九七年から九八年に行われた。インタビューに応じていただいた方については以下のとおりだが、全員のお名前が記されているわけではない。ご協力していただいたすべての方に対して改めてお礼を申し上げたい。音訳の違いからエチオピア人の方のお名前については、一部表記に不統一が生じているかもしれない。

オリンピックでは大会ごとに公式映像が制作されている。いずれもすばらしい作品ばかりであり、インターネットを利用していただければ、アベベの走る姿も手軽にご覧いただくことができるだろう。

【エチオピア】

アベベ・ワギラ

アベベとともにローマ・オリンピックに参加、マラソンは七位でゴール。老後をフィシェの町で逼塞して過ごす。

ウォルディメスケル・コストレ博士

エチオピアの陸上代表監督で、アベベとニスカネンの二人に詳しい。

ワミ・ビラツ

アベベと同時期に活躍したマラソンランナーで親衛隊兵士。アベベの友人でもあった。

ベケレ・ゲザウ大佐

一九六〇年代に親衛隊の体育局長として勤務。アベベ、ニスカネンの双方に詳しい。

ハイル・アベベ

アベベと同時期の陸上選手で友人。

ヨハネス・タデッセ

ニスカネンの愛人ラグンヒルド・ウォルボルグの親友。

ラルス・レアンダー

一九九七年当時、エチオピア開発協力本部の研究調整官としてアジス・アベバのスウェーデン大使館に勤務。ニスカネンとは前回の赴任で知り合う。

テセファイエ・シェファウ

一九九七年当時、エチオピアオリンピック委員会の事務局長。

タデル・イドネカチュ・テセマ

父親のイドネカチュ・テセマは、六〇年代から七〇年代にかけてエチオピアスポーツ界の指導者であり、また、ローマ、東京、メキシコの三度のオリンピックで代表団の団長を務めた。タデルがイギリスで上梓した父親に関する本は、ローマ・オリンピックについて示唆に富むものだった。タデル本人もアベベ、ニスカネンについて貴重な話を教示してくれた。

スベン・ブリトン教授

一九九七年当時、ニスカネンが所長を務めた全アフリカ・ハンセン病リハビリテーション研修センター（ALERT）に勤務。ニスカネンの知人で、ニスカネン主催のパーティーにもよく顔を見せていた。

グリゴリー・ミサイリディス

ガソリンスタンド経営。一九六〇年代に行われたエチオピア高原ラリーにはドライバーとしてニスカネンと参戦。

ローマン・レータ

ニスカネン家のコックとして三三年間働く。ニスカネンの事情に精通。

ブラハヌ・ネゲッセ

ニスカネン家の守衛兼庭師。

エジフ・ダマト

ニスカネン家の二代目の守衛兼庭師。

アーネ・カールスガード

開発支援事業のエキスパート。七〇年代、スウェーデンのボランティア団体を率いてエチオピア支援に従事していたころにニスカネンと出会う。

ペール・タム

一九九七年当時のレッダ・バーネン（セーブ・ザ・チルドレン・スウェーデン）代表。七〇年代、八〇年代を通してニスカネンと親交があった。

テショメ・レゲッセ

一九九七年当時のレッダ・バーネンのエチオピア支部担当者。ニスカネンの遺贈写真はここで管理されている。

タリク・アベキラ

旧皇族。六〇年代、皇帝主催のクリスマスパーティーでニスカネンがサンタクロース姿で現れたことを記憶している。

モゲス・シュワキナ
ニスカネンの金銭援助によって、孤児だったモゲスは学校に通い続けることができた。
アベソロン・エディゴ
実業家でスポーツ界の後援者。アベベの死後、遺族に経済的な援助を行う。また、アムハラ語によるアベベの伝記を刊行、アベベとマモ・ウォルデの墓地も建立した。
タファリ・ウォセン
映画制作者兼ジャーナリスト。七〇年初期には政府の報道部門に勤務。
リヒャルド・パンカースト博士
アジス・アベバのエチオピア研究所前所長。五〇年代からエチオピアでの滞在を繰り返している。
マモ・ウォルデ
マモ・ウォルデと面会するため当局に何度か申請を行ったが、希望はついにかなえられなかった。マモほどアベベに詳しい者はいないが、一九九二年、マモは当局に拘束された。容疑は殺人事件への関与だが、赤色テロが横行した時代、エチオピアにもスターリン時代のソ連のような魔女狩りが横行していた。
容疑についてマモ自身は現場に居合わせたことは認めたものの、同行は強要されたものであり、殺人には関与していないと主張する。二〇〇二年、六年の懲役を宣告されたがすでに拘留期間が九年を過ぎていたため釈放。マモが亡くなったのはそれから数カ月後のことだった。
試練と苦難に満ちた半生については、マモの知人でもあるアメリカ人ランナーのケニー・ムーアが「マモ・ウォルデの試練」（The Ordeal of Mamo Wolde）という記事にまとめた。記事はインターネット（http://www.kennymoore.us/kennymoore.htm）で閲覧することができる。（編集部注・現在掲載なし）

【スイス】

フェクロウ・キダネ

元スポーツ紙記者、エチオピアオリンピック委員会の事務局長として、アベベとニスカネンの二人を知る。一九九七年当時、ローザンヌの国際オリンピック委員会で上級職員及び広報担当責任者を務めていた。

アラン・ランゼンフィッシャー

一九九七年当時はレキップ紙の編集委員。マラソンランナーでもあり、また『マラソン物語』（Le Roman De Marathon）を国際オリンピック委員会から刊行している。

【イタリア】

ドナート・マルトゥッチ

一九九七年にはすでに公職から引退。一九六〇年のローマ・オリンピックでは主任報道官を担当するとともに、公式映像のシナリオを共同執筆している。

プリモ・ネビオロ博士

一九九七年当時、国際陸上競技連盟（IAAF）、国際オリンピック委員会委員、国際大学スポーツ連盟（FISU）、オリンピック夏季大会競技団体連合などの要職を歴任したのち一九九九年に死亡。ローマと東京の両大会でアベベの優勝を目撃している。

ジャコモ・マッツォッキ

一九九七年当時、国際陸上競技連盟（IAAF）の広報責任者。

ルチアーノ・バラ

一九九七年当時、イタリアオリンピック委員会競技役員。

フラヴィオ・サルヴァレッツァ

一九九七年、スポーツクラブ、マルシア・クラブ・チェントロ・ラツィオを設立。イタリアのスポーツ界の実力者で、ローマで数々のマラソンレースを企画。そのひとつにアベベの名前を冠したものがある。

フランコ・ファーヴァ

元オリンピックマラソンランナー。現在、コリエレ・デロ・スポルト紙記者。

オッターヴィオ・カステッリーニ

マラソン史及びスポーツ統計の研究者。

【スウェーデン】

エリク・ニスカネン、メイ・エリザベート・ニスカネン、ウルフ・ニスカネン

エリクはオンニ・ニスカネンの唯一存命する肉親。メイ・エリザベートはその妻、二人の息子ウルフはニスカネンの甥に当たる。

ベレテ・エルゲティエ、バルブロ・エルゲティエ

ベレテ・エルゲティエはエチオピアの元陸上トレーナー兼ランナー。現在、妻のバルブロとともにストックホルムに在住。

マルガレータ・エングハルド

アベベの治療を担当した理学療法士。

クルト・エリク・ダールボーン

エチオピア警察に勤務。一九四六年から七七年にかけてエチオピアに在住。

カーメン・ルービン
ニスカネン、その元妻マリー、ラグンヒルド・ウォルボルグの三人の知人。
マグヌス・エーレンストレム
陸軍士官として一九五八年から六一年までエチオピアに在住。ニスカネンとの親交はニスカネンがレッダ・バーネン代表になった以降も続いた。
スベン・ルーベンソン教授
ニスカネンと同時期にエチオピア来訪、研究生活をエチオピアで送る。スウェーデンにおけるエチオピア研究の第一人者。
ローランド・アクセルソン
一九六四年から七〇年にエチオピアに在留、その後もエチオピアとの密接な関係は続いた。スウェーデン国際開発協力庁（ＳＩＤＡ）の行政官として赴任中にアベベの持ち家を借りていた。
トーレ・メイヤー
一九九八年当時、スウェーデンのエチオピア大使館で支援活動を行っていた。ニスカネンの友人でありアジス・アベバに長期駐在していた。
ベンハルド・リンダール
ニスカネンと同時期にアジス・アベバに在住。当時のスヴェンスカブラーデット紙を保存しており、本書では翻訳の労をとっていただいた。

【イギリス】

ベイジル・ヒートリー

東京オリンピックではアベベに次いで二位で入賞。日本の円谷幸吉をゴール間際に抜き去るという劇的なラストスパートで銀メダルを獲得した。

ブライアン・キルビー

ローマ・オリンピック、ボストン・マラソン、そして四位に入賞した東京オリンピックの三度のレースでアベベと対戦。

【フランス】

アラン・ミムン

一九五〇年代、花形マラソン選手として活躍。現在はフランスに在住。

ラジ・ベン・アブデセラム

ローマ大会ではアベベに次いで二位入賞。二〇〇〇年に死亡。インタビューはモロッコへの電話取材で行われた。

ロベール・パリアント

元レキップ紙記者でマラソンに関する著書多数。ローマ大会ではレース撮影のヘリコプターに同乗。

【日本】

鬼塚喜八郎

スポーツ用品メーカー、アシックスの元取締役会長。アベベのランニングシューズをはじめて制作。二〇〇七年、八十九歳で死亡。インタビューはルノー・ジラールが担当した。

参考文献

Abebe, Tsige. *Triumph & Tragedy*（Addis Ababa, 1996）

Allen, Neil. *Olympic Diary: Roma 1960*（London, 1960）

Allen, Neil. *Olympic Diary: Tokyo 1964*（London, 1965）

Hache, François. *Jeux Olympiues: La Flamme de L'exploit*（Paris, 1992）

Kapuscinski, Ryszard. *The Emperor*（London. 1983）（邦訳：R・カプシチンスキー『皇帝ハイレ・セラシエ』山田一廣訳・ちくま文庫・一九八九年）

Lechenperg, Harald. *Olympic Games, 1960: Squaw Valley-Rome*（London, 1960）

Lentakis, Michael B. *Ethiopia: A View from Within*（London, 1960）

Lockot, Hans Wilhelm. The Mission: *The Life, Reign and Character of Haile I*（London, 1992）

Lunzenfichter, Alain. *Le Roman de Marathon*（Lausanne, 1996）

Wahlborg, Ragnhild. *Our Way to a Better Life*（Unpublished mss. ND, Approx. 1975. A translation of Mina tio an I en lepraby/My Ten Years in the Leprosy Village which was published in Sweden）

Yidenekatchew, Tadele. *Yidenekachew Tessema (1921–1987): In the World and in the World of Sports* (Addis Ababa, 1997)

Zewde, Bahru. *A History of Modern Ethiopa:1885-1974.* (London & Addis Ababa, 1995)

訳者あとがき

本書は、イギリスのジャーナリスト、ティム・ジューダが書いたBIKILA——Ethiopia's Barefoot Olympianを訳したものである。ジューダは二〇年にわたる旧ユーゴスラビアの報道で知られ、レポートはエコノミスト紙を中心に掲載されてきた。ジャーナリスト、作家、通信員として、オブザーバーやガーディアン、タイムズなどの各紙にも寄稿しているが、カバーする国はバルカン半島のほか、中近東やアフリカの紛争国にも及び、アフリカに対するかかわりはジューダが大学卒業後に入局したBBC時代に始まる。

そのアフリカにオリンピック史上初の金メダルをもたらしたエチオピアのアベベ・ビキラ——アベベの栄光と悲劇の生涯を、スウェーデン人コーチのオンニ・ニスカネンとの関係を軸にして書き記したのが本書である。本来なら決して交わることのない二つの点が、運命に導かれるようにして交差したのち、ローマ、東京、メキシコに向かってどのような軌跡を描き、どのようにしてそれぞれの最期を迎えたのかが、エチオピア帝国の崩壊とともに書かれている。

生身のアベベ、そしてアベベを見出したニスカネンの人となりについて、ここまで記したのはおそらく本書がはじめてだろう。アベベの弱点や欠点に触れた著者の筆はあくまで冷静で、性急な論評は抑制しつつ、資料や証言の点描を交えてアベベの短い生涯を浮き彫りにしている。

日本では、一九六四（昭和三十九）年十月の東京オリンピックで、多くの人々の記憶にアベベの姿が刻み込まれた。アベベはこの大会で、それまで不可能と断言され続けてきたオリンピックのマラソンで二連覇を達成している。レース当日の三五日前に虫垂炎の手術を受けていたこともあり、アベベの優勝はさらに遠のいたというのがレース前の大方の予想だった。だが、試合が始まってみれば、前回のローマ大会をうわまわる勢いでアベベはゴールに向かって突き進んでいった。タイムは二時間十二分十一秒二。オリンピック新記録の更新であり、世界最高記録とそしてオリンピックのジンクスが書き換えられた瞬間だった。

もっとも、現在の記録と比較してしまえば、この記録も凡庸なタイムになってしまうのはいたしかたない。東京大会からまもなく半世紀、現時点の世界記録保持者はアベベと同じエチオピアのハイレ・ゲブレセラシエで、二〇〇八年のベルリンマラソンを二時間三分五十九秒で走った。

わずか一秒とはいえ二時間四分の壁はすでに破られている。だが、アベベが東京を走ったころ、世間では「一〇〇メートルの九秒台と、マラソンの二時間十分の突破はどちらがさきか」に関心が集まっていた。アベベはその可能性を予感させる走者だった。（二〇一九年一月の時点で男子マラソンの世界記録は、ケニアのエリウド・キプチョゲが二〇一八年九月のベルリンマラソンで出した二時間一分三十九秒。また非公式ながら、キプチョゲは二〇一七年五月に二時間二十五秒で走っている）

東京大会はテレビが活躍したオリンピックでもあった。競技はモノクロだが、開会式はカラーで放映され、マラソンが完全生中継されたのもこの大会からである。レース当日、テレビカメラは、中盤から独走を始めたアベベひとりの姿を延々と映し続けた。

日本の若い陸上競技者のあいだでは、アベベはいまも伝説のように語り継がれ、その功績に変わらぬ敬意を抱いている競技者も少なくないと聞くが、一方で、東京大会の復路をひとり戻ってきたアベベの姿は、特別な思いを当時の日本人に抱かせることになった。

戦後の復興を曲がりなりにも成し遂げ、オリンピック特需で高度経済成長の入り口にたたずんでいたこのころ、未来への希望と貧しさは同居したまま、時代は激しい変化を続けていた。

そんな時代を生き抜いていく指針のひとつが〝がんばる〟というモラルだった。競技を見詰める多くの日本人は、がんばることの手本をアベベに見ていたのだろう。アベベは「走る哲人」「行者」とたとえられた。みずからの感情を制して黙々と走る姿に、観客は生きるひたむきさを感じ取っていた。あるいは、路上の一点に視線を凝らし、苦行僧のように走り続ける姿に、逆境に耐えて生きていく心の強さを見ていたのかもしれない。

「アベベは忘れがたい印象を会う者に残した」と本書にあるが、それはマラソンという、苦痛に満ちた競技を通して語られたアベベのメッセージにほかならない。静かな闘志に満ちたアベベの走りは、努力と克己は誰にも等しく授けられた才能だという確信を見る者に自覚させた。レース後、「敵は六七人のランナーではない。私自身だった」とアベベはコメントした。

映画『東京オリンピック』には、昭和三十九年を走るアベベの姿が残されている。監督は市川崑、音楽は黛敏郎、脚本に和田夏十《わだなっと》、谷川俊太郎の各氏が制作に参加していた。詩人の谷川氏もカメラをもって大会を追い、本編でも数カットが採用されたという。これはカメラマン谷川俊太郎の仕事だと、後年のエッセイでご本人も誇らし気に書かれている。

「どんな場合もマラソンはオリンピックの華」のナレーションで始まるマラソン篇は、まぎれもなくこの映画一番の見せ場だ。ひとり先頭を走るアベベの横顔に迫るカメラは、苦悶する多くのランナーの顔もつぎつぎと映し出していく。給水場に立ちつくし、水を飲み干す選手の姿に、銀メダルのヒートリーが回顧する当日の模様に誇張はなかったことがわかる。

取材源で著者が触れているように、アベベに関する情報はインターネットに少なくない。ニスカネンの甥ウルフ・ニスカネンは、亡き伯父をしのぶサイト（http://onniskanen.se/）を開設した。貴重な資料が多く、とりわけ本書に登場する人物や当時の様子について、ここに掲載された写真資料や関係者の寄稿に勝るものはないだろう。

また、本書をお読みいただき、アベベやエチオピアに一層の興味を抱かれた方には、山田一廣氏の『アベベを覚えてますか』（壮神社）をお勧めしたい。ジューダが何度も試みて果たせなかったマモ・ウォルデへのインタビューだが、山田氏は一九七九年からマモとの面談を数十回にわたって繰り返された。また、アベベの遺族や関係者とのインタビューも同書には紹介されている。

本書の訳出に当たり、エチオピアの人名表記については本人名を優先した。原書では「アベベ」「ビキラ」の双方が混在するが、ファミリーネームのないエチオピアの習慣に従って本人名の「アベベ」で統一した。一部例外を除き、他もこれに準じている。そのほかの人名や地名の表記については、関連資料でも揺れを生じている場合、原則として原書の音訳を優先した。

最後に草思社取締役編集長の藤田博さんにお礼を申し上げます。数々の無理を聞いていただいたばかりか、最後まで伴走してもらえたことに改めて感謝いたします。

二〇一一年七月

訳　者

＊本書は、二〇一一年に当社より刊行した著作を文庫化したものです。

草思社文庫

アベベ・ビキラ

「裸足の哲人」の栄光と悲劇の生涯

2019年4月8日　第1刷発行

著　者　ティム・ジューダ

訳　者　秋山 勝

発行者　藤田 博

発行所　株式会社 草思社

〒160-0022　東京都新宿区新宿 1-10-1
電話　03(4580)7680(編集)
　　　03(4580)7676(営業)
　　　http://www.soshisha.com/

印刷所　株式会社 三陽社

付物印刷　株式会社 暁印刷

製本所　株式会社 坂田製本

本体表紙デザイン　間村俊一

ISBN978-4-7942-2393-7　Printed in Japan

草思社文庫既刊

波多野 勝
東京オリンピックへの遥かな道

戦後日本の国際社会への復帰を決定づけた戦後最大の国家イベント開催に情熱を燃やした人々。マラソンの金栗四三や田畑政治、古畑広之進、竹田恒徳ら関係者の奮闘が史料を駆使して克明に描かれる。

髙橋秀実
素晴らしきラジオ体操

ラジオ体操はなぜこんなに日本人に愛されるのか。3年かけて各地のラジオ体操会場に突撃取材。すると「世界遺産に登録したいぐらい」(by著者)不思議なラジオ体操と日本人の姿が見えてきた。

増田晶文
果てなき渇望
ボディビルに憑かれた人々

仕事も家族も犠牲にし、時に禁止薬物に手を出してまで、なぜ彼らは異形の巨軀にこだわるのか。果てのない渇望に呪縛された人間の意識の深淵に迫った傑作。文春ベスト・スポーツノンフィクション第1位。

草思社文庫既刊

ジャン・ヴァン・エジュノール　小笠原豊樹＝訳

亡命者トロツキー

1932—1939

スターリンと対立、追放された革命家トロツキーの亡命生活において、個人秘書として七年間を共にしたフランス人青年の回想記。フリーダ・カーロとの日々なども詳述、人間トロツキーの姿が鮮烈に甦る。

ワリス・ディリー　武者圭子＝訳

砂漠の女ディリー

少女は一人、砂漠のただ中に駆けだした！　数奇な運命に導かれスーパーモデルとなり、国連大使として世界を駆けめぐった遊牧民の少女が真実の半生を語る。

映画『デザートフラワー』原作

プーラン・デヴィ　武者圭子＝訳

女盗賊プーラン（上・下）

インドの最下層カーストに生まれ、数々の暴行、虐待を受けていた少女は、やがて自ら窃盗団を率いて復讐に立ち上がる。過酷な運命にあらがい、弱者を虐げる者たちと闘った女性の驚くべき自伝！

草思社文庫既刊

ディー・ブラウン　鈴木主税＝訳
わが魂を聖地に埋めよ（上・下）

フロンティア開拓の美名の下で繰り広げられたのは、アメリカ先住民の各部族の虐殺だった。燦然たるアメリカ史の裏面に追いやられていた真実の歴史を、史料に残された酋長たちの肉声から描く衝撃的名著。

A・スコット・バーグ　鈴木主税＝訳
名編集者パーキンズ（上・下）

ヘミングウェイ、フィッツジェラルド、トマス・ウルフ――アメリカの文学史に残る作家を発掘し、その才能を引き出した伝説の編集者の物語。傑作が生まれるまでの作家と編集者のせめぎ合いを克明に描く。

バーバラ・J・キング　秋山　勝＝訳
死を悼む動物たち

死んだ子を離そうとしないイルカ、母親の死を追うように衰弱死したチンパンジーなど、死をめぐる動物たちの驚くべき行動が報告されている。さまざまな動物たちの行動の向こう側に見えてくるのは――。

草思社文庫既刊

若い読者のための 第三のチンパンジー
人間という動物の進化と未来
ジャレド・ダイアモンド　レベッカ・ステフォフ＝編著　秋山勝＝訳

『銃・病原菌・鉄』の著者の最初の著作を読みやすく凝縮。チンパンジーとわずかな遺伝子の差しかない「人間」について様々な角度から考察する。ダイアモンド博士の思想のエッセンスがこの一冊に！

銃・病原菌・鉄（上・下）
ジャレド・ダイアモンド　倉骨　彰＝訳

なぜ、アメリカ先住民は旧大陸を征服できなかったのか。現在の世界に広がる〝格差〟を生み出したのは何だったのか。人類の歴史に隠された壮大な謎を、最新科学による研究成果をもとに解き明かす。

文明崩壊（上・下）
ジャレド・ダイアモンド　楡井浩一＝訳

繁栄を極めた文明はなぜ消滅したのか。古代マヤ文明やイースター島、北米アナサジ文明などのケースを解析、社会発展と環境負荷との相関関係から「崩壊の法則」を導き出す。現代世界への警告の書。